海男，女，中国当代著名诗人、作家。曾获 1996 年刘丽安诗歌奖、中国新时期十大女诗人殊荣奖、2005 年《诗歌报》年度诗人奖、2008 年《诗歌月刊》实力派诗人奖、2009 年荣获第三届中国女性文学奖、2014 年获第六届鲁迅文学奖（诗歌奖）。已出版《男人传》《女人传》等作品 80 余部。现为云南师范大学特聘教授。

海男文集·诗歌卷

忧伤的黑麋鹿

海男 著

云南出版集团　云南人民出版社

图书在版编目（CIP）数据

忧伤的黑麋鹿：诗歌卷 / 海男著. —— 昆明：云南
人民出版社，2018.8
　（海男文集）
　ISBN 978-7-222-17277-7

　Ⅰ.①忧… Ⅱ.①海… Ⅲ.①诗集—中国—当代
Ⅳ.①I227

中国版本图书馆CIP数据核字(2018)第127027号

责任编辑： 苏映华　刘　焰　徐　霞
创意设计： 人合圆文
责任校对： 陈春梅
责任印制： 洪中丽

YOUSHANG DE HEIMILU
忧伤的黑麋鹿（诗歌卷）

海男　著　　封面插图/海男　　海男肖像：陈婉清/绘

出　版　云南出版集团　云南人民出版社
发　行　云南人民出版社
社　址　昆明市环城西路609号
邮　编　650034
网　址　www.ynpph.com.cn
E-mail　ynrms@sina.com
开　本　787mm×1092mm　1/32
印　张　9.125
字　数　250千
版　次　2018年8月第1版第1次印刷
印　刷　云南出版印刷（集团）有限责任公司
　　　　云南新华印刷一厂
书　号　ISBN 978-7-222-17277-7
定　价　42.00元

如需购买图书、反馈意见，请与我社联系
总编室：0871-64109126　发行部：0871-64108507　审校部：0871-64164626　印制部：0871-64191534

云南人民出版社微信公众号

目　录

忧伤的黑麋鹿

那些该死的记忆消磨了我的……

那些午夜的消息，带着露水融尽的
卑微，还有少许的晶莹，符合审美的情绪
那些午夜的树叶，从冬雨中滑落
不经意地窒息过我的心脏

那些该死的记忆消磨了我的口腔
那些不断被我所出卖的辞藻
只送给一个给予我插曲的男人
他站在起伏的南部荒原，他的孤傲多么坚定

那些该死的辞藻，幸福或忧伤的囚房

多么辽阔，毗连起窗台之外的广袤山冈

雨滴多么清澈，呼吸多么沉醉

那些该死的爱情，消磨了我午夜的孤寂和忧伤

如今，我仰起头，那些银灰色的芥蒂

那些囚禁胸乳的堤岸，那些水晶的谎言多么甜蜜

2010 年 1 月 28 日上午

你病了，你的山冈也病倒了

我看见了你的病体从澜沧江岸
向我飘来，带着江岸的那些圆石和枝蔓
它们沿着我的躯体纵横出入
因此，我要病得更重才会与你相遇

我要病得更重，你才会允许我的脸
被那些明亮的岩石触碰，犹如雨崩之前的
雨雪，照亮最为幽暗时光中的床榻
我从床榻躺下去，用病体与你邂逅

我必须病得更重，雄伟的澜沧江

才会收留我的尸骨，并彻底地清除我的胸部

怒放的花冠，那些绵长的香气

是我一生中致命的病毒

我必须病得更重，才可能与你一块躺下

亲爱的，柔软的沙子，是我们死亡前夕造爱的证据

2010 年 1 月 28 日

在你消失踪影的三天时间里

肖邦的《夜曲》掠过了我的面颊

最里面的面颊，值得你此生怜悯

它们从和弦的转折中，越过了悠扬的低泣

最终，绕过乘风破浪千山万水，回到爱的囚房

在你消失踪影的三天时间里

《夜曲》缓缓地伴随我出入

冰凉的滇西。攀越着，喘息声越来越剧烈

犹如祭祀前夕，我的身体最疼痛的体验

不朽的夜曲，钢琴的波浪

女妖的曲线，爱神来临前夕的风暴

将尽快地让死神前来迎候我

我要在你之前赴死，在天堂的门前等候你

在你消失踪影的三天时间里

丧钟已经为我而敲响

2010 年 1 月 28 日

忧伤的黑麋鹿

昨夜，在躺下的黑屋中
一群来自旷野山冈之上的黑麋鹿
忧伤的奔跑声惊醒了我
它们没有锁链，没有祷词飞扬

忧伤的黑麋鹿来自滇西的山冈
来自一个人最辽阔的内心
他的生活已被我长久地凝视过
在那么长的距离里，远隔着澜沧江的大峡谷

中途还有雨雪的阻隔，还有白鹭华美而优雅的
飞翔声隔离我们的视线

当忧伤的黑麋鹿狂野中奔来时

在躺下的黑屋中，我像一个黑奴般期待着什么

我将像一个黑奴般期待着

辽阔的大地以及赐给我无限生命的时间

2010 年 1 月 29 日上午

忧伤的黑麋鹿迷了路

那只最忧伤的黑麋鹿迷了路
它们在翻拂的云雾中猜测着
溪水的去处；它们在雷雨来临之前
仰头猜测着人世间最遥远莫测的距离

这是被丝丝缕缕的历史割舍过的痕迹
它们是一段符号，源于一只蜂群的深穴
那只最忧伤的黑麋鹿因为迷了路
在暗夜处，它孤单的皮毛如同暗箱一起一伏

忧伤的黑麋鹿在旷野迷了路
它在荆棘的微光中趴下，吮吸着

溪水中的青苔，然后倒地而眠

宛如用战栗的梦境划分天堂或地狱的距离

黑麋鹿迷了路，亲爱的黑麋鹿迷了路

它在旷野中躺下去，再辽阔的世界也无法让它苏醒

2010 年 1 月 29 日上午

这些毫无理由的爱情

在滇西，我遇到了一个男人
他是澜沧江峡谷外种植苞谷的人
他是喷吐着烟雾，锄地修草剪枝的人
我望见他的下巴，那些轮廓可以让我眩晕

这些华美，这些灌木丛，这些毫无理由的爱情
在暮色来临之前，又一次在溪水边
在竹篱右侧，我与那只忧伤的黑麢鹿相遇
它醒来了，带着辗转不息的梦幻只看了我一眼

在我所有的忧伤中，这次相遇
替代我申诉着，我听见了绯闻

关于我的不测的时光中那些跳跃的善变

关于我与滇西相遇中命运的演变

亲爱的忧伤，移走在那些华美、灌木丛中的爱情

多么值得我此生用力去接近他光芒的世界

2010 年 1 月 29 日上午

善变中的女妖已出现

今天，善变中的女妖已出现
她代替我与你在幽暗的峡谷中蜷曲不息
这是临近春天前夕的午后
那些沙哑的嗓带从森林中冉冉上升

替代我前去与你相遇的那个女妖
带着蜂蜜，那是她变幻妖术的涂料
那些金色的蜂蜜一旦涂于四壁
在猝然中到达的死亡也会变幻莫测

替代我与你相遇的那个女妖
在粉红色的屏障中，摘去面罩

她的脸，可以带来蛇的意象，可以剪辑

彩练，可以制止钝器挑衅的战争

善变中的女妖，替代我前去爱你的

女妖。她替代我前去面对那些从沙粒中落下的骰子

2010 年 1 月 29 日上午

从云壤中破壳而出的神学符号

那些花蕾从石砾中一点一滴地
如粮食一样，融洽在前世和今世的历史中
在忧虑纵深的峡谷以后的地域
在这里看不到邮差和城垒

从云壤中破壳而出的是豌豆和大米
还有盘桓在泥土中，困倦万分的马铃薯
一声不吭地吮吸野的草莓，怀着幻象中的期待
它们变幻着角度、湿地和昼夜的速度

从云壤中破壳而出的神学符号
回到了我怀抱，这些神意恩赐的夜晚

我不眠着，我在夜中行走，在夜色中
把蜜露培植，直到遍体的忧伤绚丽起来

直到我打开那些抽屉，暴露了你或我
由来已久的身份之谜。之后，那些神学符号开始附体。

2010 年 1 月 29 日上午

在澜沧江以上的纬度里

澜沧江的灵魂在一波三折时
都会触碰到我们的灵魂
在澜沧江以上的纬度中，我此生
触到了那些遗骸在此地安息的声音

那些前世的睫毛眨动着，犹如野草
经过了四季的轮回，又回到了枯荣的时辰
又到了睿智的双眼区分一切色泽的时刻
除了澜沧江，没有任何人告诉我灵魂会变成花蕾

在澜沧江以上的纬度中，到处可以看见硬壳
那些已经替夜色做出决定的秋色弥漫
那些在风啸中适于吊丧的睡床

那些在遍地的橄榄树中馈赠给咽喉的诗歌

在澜沧江以上的纬度中
我经历了爱情的窒息，在芳草和疯狂的起舞中我吻过
一个男人

2010 年 1 月 29 日上午

亲爱的黑麋鹿触碰着我

在峡谷的底部，雾气氤氲
夜复一夜，又到了我从死亡中复活的前一夜
亲爱的黑麋鹿触碰着我
展开了我四肢，从头至尾亲吻我的忧伤

像是触碰到我的骨头
那些不可以用柔软征服的坚硬
可以在柔软中折断；像是触碰到了我的血液
我像芦苇似晃动，倒地，获得了永恒的再生

像是撕开了清晨的窗幔
那些浓荫覆盖的冠顶多么深不可测

亲爱的黑麋鹿触碰着我

膝头以下的那些纵横出去的诗篇

一天午夜，亲爱的黑麋鹿触碰着我

最漫长的一次长泣，在峡谷的底部

2010 年 1 月 29 日上午

你给予了我狂野的姿态

从头到脚，我都是你的诗人
那些放纵过我的时间，因你而开始节制
我懂得节制是在吻你的时候
在澜沧江边的火焰中翻滚着牛皮纸的时刻

我懂得节制地爱你，犹如我放慢的脚步
慢，多么奢侈的等待，在越来越慢的时刻
你给予了我狂野的姿态，从澜沧江的波浪中
翻滚出去，在波涛的中间，我们缓慢地接吻

最美的狂野姿态，似乎带着神谕
可以带给在祭祀中破碎的一只陶罐

噢，一只爱巢，被候鸟们栖居过

我们进去了，我们到了里面，在最深的尺度中相爱

亲爱的，在最深的澜沧江的深渊中

我们爱着，在波涛中，在水和血液的尺度中消失

2010 年 1 月 29 日

下午和将来的时间：玫瑰色的时间

下午和将来的时间以及玫瑰色的时间
仿佛像一只暗盒，从打开到收拢到关闭
在这里，在暗盒前，我依然是海男
把头颈交织在肖邦的《夜曲》之中

又一次倾听着《夜曲》，雨丝擦亮了玻璃
或者说雨雾蒙蔽了窗玻璃
我迷恋的肖邦，他骨感的面颊
曾被乔治·桑用忧伤亲吻过的优美

下午和将来的时间，玫瑰色的时间
亲爱的，将与你绵长的心智结为一体

现在，肖邦的面颊在钢琴中被波浪推动着
那些温柔的手指因钢琴曲而抵御着绝望

下午和将来的时间，玫瑰色的时间
我在一只暗盒中，在茧丝的晶莹中被一切时间所埋葬

2010 年 1 月 29 日上午

在澜沧江以下的纬度里

飞得很低是一种绝望，直飞到澜沧江
动人的弯臂中，诗歌也好，基督也好
都蜕变着本能，都已经接受过崩溃和断裂
在澜沧江以下的纬度里，幽暗如此优美

底处的卵石长满了暗礁，封锁了
各路的消息；满河床的暗流
不是为了展览，而是为了遁世或殉难
当我落在澜沧江以下的纬度里，才知道爱情多么遥远

在澜沧江以下的纬度里
在最美的幽暗中，却闪烁着热风中

移植而来的树影，犹如爱人的胸膛

像热烈的风箱连绵不断地轰鸣着

在澜沧江以下的纬度里

爱情停止了狂奔，停止了狂野，开始断裂或吟唱

2010 年 1 月 30 日上午

当黑麋鹿的黄昏来临

当黑麋鹿的黄昏来临时
纬度像梨花一样纯白，显示出一个豁口
潮湿的湿度，一只黑麋鹿已经困倦
栖居于零乱的荒野之上，躯体越发变得孤傲

为了在黄昏与黑麋鹿相遇
我在秋季越过了湍急的漩涡区域
带着微雨中那些抑郁的诗歌
眼神羞涩，呼吸急促，只为了与黑麋鹿相遇

我所迷恋的黑麋鹿
像旷野一样拒绝着我，像江水一样制造着距离

它的躯体之上，是喘息中的余音震荡

在它的余音中，我的血管复述出一种乐器的美妙

当黑麋鹿的黄昏已来临

我来到了它身边，跪下来，跪在了整个旷野，等待它

的号叫

2010 年 1 月 30 日上午

在美妙的死神之上

我不想在桃花中沉入河底
在我可以看见的春天，桃花
像嘴唇那样，像墨绿色的山冈
那样穿透我的乐器和身体的内部

在美妙的死神之上，我接受了你的爱
那只悬于澜沧江峡谷的蜂箱中的甜蜜
凝重的空气中飘满了蜂蜜的羽毛
这是一个季节的爱情，它使我越来越害羞

在美妙的死神之上，穿越了门槛
尽管这是暂时的一种喜悦，一种短暂的庆典

我却为你解开了纽扣，连衣裙吊带

失去了戒律，在死神之上，爱情可以永久重归黑暗

在美妙的死神之上，今天我来了

从死到再生，春天的雨，刚浇湿过我的脸

2010 年 1 月 30 日上午

在肖邦的《夜曲》中找回了恋人

昨天下午，肖邦的《夜曲》缭绕不息
在暮色垂临以后，我消失已久的恋人
他回来了，带回了黑麋鹿的踪影
我们隔着寒瑟，吻着艰难的离别

肖邦的《夜曲》见证了
我悲伤的眼睛，在恋人失踪的现状中
忧伤的黑麋鹿已消失了奔跑的踪影
沿调音盒的音阶往上走，世界变得多么灰暗

沿着钢琴的音阶往上走，继续往上走
亲爱的人，《夜曲》伴奏中，我的手指

在寻找着你，在澜沧江宽大的峡谷中
寻找着重现你的刹那，《夜曲》多么让我爱你

在迷恋肖邦的日子里，我不断地爱上了你
沿着《夜曲》以上的音阶，直抵澜沧江边找回了你

2010 年 1 月 30 日

钢琴音阶或我所爱上的肖邦

替昼夜复述夏花灿烂的人在哪里呢
沿钢琴音阶往上走，你就会看见肖邦
他已经被短暂一生中的《夜曲》包围其中
他已囿于其中的音阶，那些点点滴滴的忧伤多么牢固

替昼夜复述爱情和思念的人在哪里呢
从华沙出发到达巴黎的路被大雾弥漫
乔治·桑带着肖邦到达了最南方的巴利阿里群岛
在他们同居或相爱的城堡中每日有波浪翻卷不息

替生命复述悲悯和歌唱的人在哪里呢
沿钢琴台阶往上走，你就会看见肖邦

他在浪尖上行走，他的手指像漆黑夜空般迷人

像漆黑一样皎洁，像漆黑一样游移在外

替我复述出爱之惆怅和生之缥缈的人在哪里呢

沿钢琴台阶往上走，我就会爱上亡灵者的肖邦

2010 年 1 月 31 日

黑麋鹿的午夜生活

在漆黑的笼子里，黑麋鹿终于闭上了双眼
旁边的溪水开始奏乐，那些吟唱的唇
晶莹的麦管，替代了长箫插入了星空
从黑麋鹿的皮草衣中散发出身体的味道

黑麋鹿的午夜生活开始于四蹄触角
从黑漆漆的旷野伸展出去
此刻，它的触角多么温暖，多么欢悦
夜晚多么空旷，它的触角就有多空旷

黑麋鹿的午夜生活必须筑于荒野之上
在黑漆漆的丝网之中，幽魂们互相触抚、厮打

那些早已荡然无存的历史突然由夜游者和亡灵人开始

吟唱

噢，黑麋鹿的眼角突然涌出冰凉的泪水

泪水濡湿了一只黑麋鹿的眼眶

我看见或者说我看不见了这个世界的夜色弥漫

2010 年 1 月 31 日上午

拂晓以后，在峡谷以上吻别着

拂晓以后，新日子将临
在峡谷以上，吻别着，需要我们立于悬崖
在最为寂静的时刻，一个农妇
扎根于峡谷之上的土地，使我的灵魂开了窍

我的灵魂已开窍，走吧，走吧
那些缠人衣襟的藤科植物
以及那些湮灭于午夜的，伫立于我心间的白鹭
那些越过了澜沧江又放弃了追逐的丹顶鹤

走吧，走吧，拂晓以后
在峡谷以上吻着你的眼睛

走吧，走吧，拂晓以后

我们就开始真正地长离死别

外星人告诉了我一个真谛

在缥缈无边的澜沧江大峡谷爱上一个人是艰难的

2010 年 1 月 31 日上午

大峡谷的潮汛期已降临

悲伤晃动了我的身体，我仰起头看你
大峡谷的潮汛期已降临
它们带来了泥石流，在翻滚着乳沟的尘埃里
镜子多么明亮，足可以终止一切邪念丛生的道路

悲伤移植着我的眼神，沿一只黑麖鹿
纵横的峡谷，你的微笑，你传递的
秘密；你暗自凝思的香柏树
多么浓郁的芬芳，像流进我身体的汛期

悲伤传递着我的思想，往事已经缤纷
出入于大峡谷的潮汛期内，在两岸的荆棘

蛰痛的肉体中，那已经缱绻过的
被我们的内心所折磨过的思念又开始了猜疑

每当大峡谷潮汛期降临时
猜疑的心多么绝望，犹如浪尖上的身体被撞击着

2010 年 1 月 31 日上午

我立于峡谷

时间已到达了蛙鸣之后，水稻变成谷粒
进了栖居的库仓之后。我又一次立于峡谷
这是恋人的疆界，他每每出入这里的峡谷、水洼
仿佛倾听着热浪之中的枇杷树破开的歌声

那些破开之雾的歌声，那些黑莓
自由生长的开阔地；那些浓郁的双翼
很快融入了漩涡体；那些清澈的磁铁
失落在峡谷底部的手推车

今天，我立于峡谷
猜疑着过往世界的人或事

今天，夜鸟蜷缩的旧巢和一束野紫苏

划分了大峡谷，猜疑着坡地上阴和阳的分界线

我立于峡谷，猜疑着过往的人和事

缓慢的悲悯，替我洞悉了这个世界最美的一场骚乱

2010 年 1 月 31 日上午

在澜沧江白昼的纬度里

热风在漫天的迷失中仿佛倦鸟

源自一棵甜橙树失明的悲悯中

那个失明的人，犹如我内心失明的爱情

在凛冽中失去了融解于时间的自由

在澜沧江白昼的纬度里

墓群在岩册中已经被悲壮的羊皮纸所湮灭

我看见了亡灵者辗转的心

那些蜿蜒的路，湮灭了隐秘者的遐思

那些路途中偶然再次出世的紫陶

那些被小松鼠触摸过的花纹

忍住了忧伤，绝不出卖永恒传唱的歌谣
所以，它们在离爱情最近的山坡上将变为碎片

亲爱的，在澜沧江白昼的纬度里
神意的派遣，使我在炫目的热风中忧伤地吻遍了你

2010 年 1 月 31 日上午

在澜沧江夜晚的纬度中

凛冽兀于橄榄枝下，在一小块一小块
割舍出去的体积中，在碰撞着风浪的途中
与你又一次相遇。在澜沧江夜晚的纬度中
我们无法看清楚除了峡谷之外，我们面临的一切风暴

漫长的野蔓藤，是这里唯一的一种植物
春夏秋冬，它们从不湮灭，以喜悦的姿态
激荡起刺破天际的那束光芒
或许会有少许的哭泣，使它们互相拥抱

在澜沧江夜晚的纬度中
更隐秘的心灵可以治愈铁的疾病

可以接触柔软的橄榄枝

隔着天幕，活够一个凛冽的长夜

在澜沧江夜晚的纬度中

世界的相思树，以炽烈的身体把自己变成灰烬

2010 年 1 月 31 日上午

黑玫瑰色的晃动

我眼睛失明了，在昨夜
灯柱仿佛从黑玫瑰色晃动的荒野而来
我坐下来喘气，我屏住呼吸的思念
我咳嗽，我默语，我蜕变着

仿佛想潜伏在一只黑麋鹿闪电的肉体之上
那些已经展露的容颜，那些来不及收敛的微火
使我的双眼失明。打开一扇窗
热风吹来了，你今天的消息

打开一道窗，已经来到了峡谷之外
今天我是你的谁，是谁让我们相爱

在每一只晶莹潮湿的容器里

磁铁也来了，像火炉中未熔尽的肉身

一阵阵黑玫瑰色的晃动，多么无奈而震颤

心灵间涌动的潮汐，倏然间扑灭了最亮的灯盏

2010 年 2 月 1 日

在澜沧江春天的纬度里

在澜沧江春天的纬度里
一只黑麂鹿开始跑了起来
荒野上的台阶奔涌着泉水，树枝在一夜间
绿起来，野花摇曳着，黑麂鹿狂欢的季节已来临

当黑麂鹿和另一只黑麂鹿开始接吻时
在澜沧江春天的纬度里
湿度在手心中央荡漾开去
神意的降临，是那样喜悦

在澜沧江春天的纬度里
我们的头发从耳鬓前拂开

像峡谷中越过了幽暗的一面镜子
像肖邦越过波兰的那道道急流

在澜沧江春天的纬度里
触摸过我的人，离开我弃我而去的人背转身来

2010 年 2 月 1 日上午

当一只黑麋鹿和另一只黑麋鹿开始接吻时

滞重的咽喉终于停顿在慢板的
抒情诗中。在接近澜沧江的峡谷地域时
诗歌如是说：惊心的时刻已经降临
当一只黑麋鹿和另一个黑麋鹿开始接吻时

我们已经离峡谷的底部越来越近
那些被世界遗忘的幽暗孤傲中冉冉升起
当温度越来越潮湿纠缠我们不放时
当一只黑麋鹿和另一只黑麋鹿开始接吻时

草木开始芬芳，在底处的青苔上
蓝色皎月穿过了弥漫的江水

当一只黑麋鹿和另一只黑麋鹿开始接吻时
忧伤的潮水穿越了我的胸膛

当一只黑麋鹿和另一只黑麋鹿开始接吻时
泪水的漩涡中充盈着爱，犹如悲悯中的倾诉

2010 年 2 月 1 日上午

慢板的、峡流穿越的身体

因为你，我迷恋上了慢板的韵律
因为世间的纠葛像不朽的歌剧未到尾声
因为瑟瑟的响声中潜伏着凝结的危机
因为暮色又到了拂晓，又越过了百枝凋零的深秋

慢板的韵律，如峡流在穿越中的身体
我的末路和再生被你藏在秘诀之中
藏在用慢板编织的丝网中
如一只破壳而出的黑蜘蛛疼痛地织网

因为你，黑色永远不够浓郁
因为你，拂晓的那些雨丝需要越来越冰凉的倦怠

因为你，惆怅的身躯不能失去伤口的疼痛
因为你，白昼的黑夜，像鬼魂一样游荡不息

慢板的音律，今年冬季的主题音乐
像我爱上你之后的一阵捆绑，像不测的惊雷劈开的灵魂

2010 年 2 月 1 日

红色的伤口绽放于春天

伤口既然已经呈现在身体中
就可以跟随寂静的午夜去漫游
红色的伤口开始于春天
当我在接近澜沧江一座旅馆中下榻时

春天来了，春天来到了树丫上
春天来到了嘴唇上，春天来到了脚踝之下
春天来到了鸟鸣的背脊，春天来到了绯闻的饶舌中
春天来到了我带给你的伤口之上

红色的伤口开始于春天
当我已下榻在澜沧江边缘的一座旅馆

我所看见的黎明是那样灿烂

我所消磨的时光是那样悲伤

我已经推开了澜沧江一座旅馆的窗棂

流逝的黑暗，哭泣的肉身，像红色的伤口绽放于春天

2010 年 2 月 1 日上午

今天的日子炫目而迷醉

光束开始越过峡谷的又一道漩涡口
左岸和左岸的民间生活
充盈着炫目而迷醉的光阴
那些织着蜘蛛色的妇女们仰起头来远望

今天的日子炫目而迷醉
我替代了那群越过澜沧江中段的妇女
开始言说，那些言之不尽的必是漩涡似的自由
那些被我言说过的必是光阴的游移莫测

她们的身体像水底的合声欢唱
她们带着肉欲和炎症的身体不时仰起头远望

她们缤纷而抑郁的幻觉中涌来了大米和葵粒
她们有时会警觉地环顾四周有没有盗马人的出现

今天的日子炫目而迷醉
石头、小麦、豆荚和水波贯穿成一体

2010 年 2 月 2 日下午

在澜沧江红色的纬度里

雨淋湿了澜沧江裸露的腹部
轮回转世的女妖们纷纷出场
从幽暗的灌木丛带着柔软的妖体
逆流而上，企图统治这个地区神秘的黑暗

在澜沧江红色的纬度里
人妖长出了双翼，拍击着两岸沙滩
带着历练的诗歌出现的是海男
她是这个地区从香草中出世的诗人

夜色深陷以后，白昼替代了黑暗
在澜沧江红色的纬度里

泥石流来得如此疾迅，揭竿而起的是风
狂风暴雨浇铸了岸上最绝望的舌头

在澜沧江红色的纬度里
飘动着一个女诗人舌尖上的演变术

2010 年 2 月 3 日

她的喊叫如此的柔软

在江边，每当她遇到一棵树
越来越近的树，悬垂着树衣和藤蔓
使她全身心投入一种思念
就在澜沧江的一棵伴身树下喊出了声

乐器就在附近的村庄被村民的嘴唇所演奏着
微妙的声音贴近脖颈以下的身体
使她灼热的口腔想献出对于爱情的礼赞
在她躺下去的地方，弯曲的姿色与波浪相遇

她的喊叫如此的柔软
陷在划分地狱和天堂的两级台阶上

陷在不眠和苏醒的两种隐喻之中

陷在澜沧江和一个守夜人中间的屏障之上

她的喊叫如此的柔软

犹如江边的香草在细雨中造化了一个女人

2010 年 2 月 3 日上午

忧伤的黑麋鹿看见了一只坛子

忧伤的黑麋鹿看见了一只坛子
从隐瞒了事实真相的年代中呈现
在梦中，在我疲惫万分的时辰
像是从梦中飘来了玉米的芬芳和爱慕

忧伤的黑麋鹿看见了一只坛子
它们从令人不安的风暴中出世
在凋零过还来不及复苏的旷野里
黑麋鹿来回地巡视着，想看见坛子的过去

坛子像祷文一样明朗地出现
仿佛刚刚被鸟的羽毛清洗过身体

它内部的生活已接近腐烂

而在它的外形上，仍旧可以看见花纹在绽放

忧伤的黑麋鹿看见了一只坛子

被我渴慕已久的泉水，就在它内部开始涌动

2010 年 2 月 3 日上午

漆黑的酒窖中，我看见了一个男人

沿最陡峭的岩石往上就可以触碰到
石头的屋宇。沿台阶继续往上
这是澜沧江独特的一种拱门
漆黑的酒窖中，我看见了一个男人

他伫立于酒窖一侧，在他旁边
漆黑的炊烟使他的面孔越变越模糊
我看见了发酵的酒罐在幽暗中来临
他的微笑诡秘，仿佛隔世

酒罐林立，以此抵御这个地区
像蚂蟥般涌来的忧伤

一个男人，双手垂直，给予了我微笑

除此之外，我能给予他什么

漆黑的酒窖中，我看见一个男人

离我已很近，倏忽间，却消失于野萄出世的春天

2010 年 2 月 3 日上午

热气灼人的魔法在一切诗歌之上

现在，那些岩石上的灯柱已冷
变冷的时间，我们并不知道
因为灯柱变冷时，我们已睡下去
羊欢鸣着，挤在石栏中哀鸣互相取暖

热气灼人的魔法在一切诗歌之上
我们来不及预测，来不及从旷野
埋葬掉我们相思病的蹒跚
即使在睡眠中，我们仍阴魂纠缠不休

在这里，在二月的磨砺之中疏远过的灵魂
又回来相遇，它们在无言的绝望之中

如涸漫者正在抓住一个破晓

试图涸漫在顶端的石柱下，试图碰碎自己的头颅

亲爱的，我来了，在古老的暮色中

因为接过的吻，可以像糖精，像转动的来世

2010 年 2 月 4 日上午

我爱慕着两只蚂蚁的爱情生活

我爱慕着两只蚂蚁一前一后
在即将濒临的暴雨中，挟裹着全世界的惊恐和焦虑
不安地一前一后，裸露着身体
使冰凉的澜沧江流域依偎着一对情侣

我爱慕着两只蚂蚁用尽了周身力气
所战胜的那些头顶的冰雹
它们哗啦啦地落下，足可以肃杀一切生物
只有那两只蚂蚁它们因依偎而获得了永生

我爱慕着两只蚂蚁在雨过天晴以后
看见的虹练，刹那间，它们站在白云的深处

接近了澜沧江大峡谷的深度

又开始了一前一后的歌唱，它们歌唱着与世隔绝的爱情

我爱慕着两只蚂蚁的爱情生活

它们眼睑低垂，在不为人知的世界中战胜了死亡

2010 年 2 月 4 日上午

在澜沧江蓝色的纬度里

暮霭中的今天，我坐在离大峡谷最近的一只黑鸟
盘桓以后，留下的痕迹中，我俯下身去
似乎是为了接吻。那些干燥的蓝石崖的线条
永久地证明着，孤寂是多么顽固，多么静谧

在澜沧江蓝色的纬度里
我躺下身体够着了这些纬度中的蓝色
它们多么像我破碎的忧伤
不可以接近，也不可以亲手触抚

倾斜在峡谷中的蓝色，像水面上的漂浮物
像继续奔跑的幽灵，很快将失去踪影

在澜沧江蓝色的纬度里，一只黑鸟已逝去

一只秘密中的黑鸟已坠落在峡谷的挽歌中

在澜沧江蓝色的纬度里

到我怀中吮吸这些蓝烟和体温的人并没有如期抵达

2010 年 2 月 4 日上午

我们究竟要搏斗多长时间

我躺下的次数越多，就意味着离生命的末期越近
那些最红的花冠下，我躺下了
荆棘依旧，红色的冠顶仍然为绝路中的人
留恋夜宵的蝉鸣，撑开冠顶的花瓣

你有理由相信，如果我这样死去
天依旧会亮，窗户依旧会被黑暗笼罩
我依旧会带着梦境，裸露是为了切肤之爱
扭曲着感官是为了战胜疾病和魔鬼的召唤

我们究竟要搏斗多长时间
才可以有一个夜晚，潮水似的蝉鸣

湮灭我们经历过的一切苦役

在我们服刑之地，野山菊花安抚过剩下的一滴水

我们究竟要搏斗多长时间

忧伤的天窗，每一寸肌肤中，清晰可辨的死亡才可以

垂临

2010 年 2 月 4 日上午

当黑麋鹿气若游丝的时辰

亲爱的，当一只黑麋鹿气如游丝的时辰

我离你已经越来越远

石匠们使用着凿刀，正往石头上

雕刻着一只黑麋鹿心醉神往的墓志铭

雨水和光芒浇铸过的铭文如是说

当世上只剩下最后一滴水时

光阴如此平淡，如隔江远眺时的抚摸

命定的死期是如此的透彻，像苍茫以后的颤音

昼夜破晓以后的惊雷如是说

当世上只剩下爱情的折磨时

接近无限的忧伤，尽可以在峡谷中飘扬
细小的沙粒使命如弦弓的咏唱倏然折断

亲爱的，当一只黑麋鹿气若游丝的时辰
我心冰凉如尘埃，已在两岸的棉花蕊中找到了避难所

2010 年 2 月日上午

红色手推车的影子

红色手推车的暗影移动了游丝般的纷扰

在茶叶的摇曳之下，手推车旋转着

峡谷之上的避难所，源自一座泥土屋

被我今世的眼睛所看见，被我的速度所触摸

红色手推车以溯源而上的忧郁

震撼着我已经失去过的怜悯和缅怀

那些遇难者的骨灰盒埋在阳光照耀的山冈以内

那些随着死亡而逝的语词割舍了我最疼爱的一次风暴

红色手推车的影子，悲伤的少女坐在上面

使我又一次回首，在滇西石榴树下的少女

那个年仅十八岁的少女，把一生悲哀的源头看见
用诗歌复述着疯狂的石榴树下的少女哪里去了

亲爱的，我替代那个失去青春的少女如是说
当我像一朵花萎谢之后，又看见了红色手推车上的少女

2010 年 2 月 4 日上午

大峡谷以上的伤口多么美

大峡谷以上的伤口接近纬度中

最破碎的冰凌，它因寒冷而终年结冰

像盐一样感染了眼睑以下的阴影

并纠缠着口腔，使挣扎的语词越加迷惘

这迷惘，像大峡谷错落的阶梯

一群披着褐色头巾的妇女

开始使用火焰似的措辞

那些由裂开的嘴言说的悲情多么响亮

大峡谷以上的伤口，多么美

只剩下最后的一些口诀

复述着一大片倒下的阴影

并在其中消灭着已经废弃的爱情

大峡谷以上的伤口多么美

可以结痕，可以使刀刃变得迟钝

2010 年 2 月 4 日午后

黑麋鹿如是说

到处是旋转，像万物开花的喜悦
到我眼睑下来，享受光阴的那个人
从黑暗的枕木中来了，他的泪不可以溢漫
他的伤心在骨头里，藏于最黑的殿宇之中

春风吹拂着裂开的枕木，那些砸痛人的
梦幻，从高处砸下来，到我胸前
抵达二月河床上的他，终于忍住了忧伤
终于关闭了通往我的道路

一只站在峡谷西岸的黑麋鹿遍体是悲鸣
一只忧伤的黑麋鹿，站在云端下左顾右盼

一只皮毛寒冷如霜的黑麋鹿，穿透了冰凌
一只灼热的黑麋鹿，替代火焰燃烧为灰烬

黑麋鹿如是说，到我肋骨的中央
让我替她去死的那个女人到哪里去了

　　　　　　　2010 年 2 月 4 日下午

飘到我胸前的微澜

微扬的下颌，投入到澜沧江底处的一团
乌云中。在那里，各种交织纠缠的物体
带着同样的微澜，使我们面面相觑
这场虚拟的战争，最终露出了真实的容颜

迷人心智的波浪，区别世间所有爵士乐
飘到我胸前的微澜，称之为软弱
称之为男色之上的磁铁，称之为颜色和异类
称之为味蕾犹存的一杯黑啤

她微扬中的下颌，引领着飞鸟的翅膀
飘到她胸前的微澜，捍卫着她已失去的

黑暗，这些称之为爱情的颓丧

像最长的吊带裙飘入大峡谷悲怆的冲浪人身上

飘到我胸前的微澜

是送给蒙面人和挟持人最长的战役

2010 年 2 月 4 日下午

在澜沧江黑色的纬度里

触手可及的不过是岩石的黝亮
越过了手指间的阵阵惊悸，并疑惑
今生今世是否长伴此处，在石缝发芽
又在耸入云端的地方死去

在澜沧江黑色的纬度里
并没有黑得灿烂的脸庞显现
并没有葵树苏醒以后的摇曳
并没有晨曦来临后挥之即逝的乌云

这些黑，源自大地，它们接纳了
玉米，水稻和马铃薯的芽胚

这些黑，比我预先想到的更黑
比我披在肩上的波浪形长发的沟壑更黑

在澜沧江黑色的纬度里
黑的乌鸦，黑的舌头，黑色的波浪穿过了岩石

2010 年 2 月 5 日上午

伸向我舌尖的语词多么艰涩

早晨，我出世，这是神意安排的苏醒

蝶影翩翩飞来，带来了你的消息

你哀愁的心，刚涉过夜晚的河床

面对我，面对这些玻璃，它们刚刚碎裂过

伸向我的舌尖的语词多么艰涩

有足够的心，在水瓮中变为盐碱地

有足够的窒息，在我越来越老的时刻死去

有足够的悲伤，埋在坚硬、冰冷的线条之下

面对我，面对这些无奈的现状

面对鱼已死去，花委顿，面对大悲咒

面对陆地，涂满黑色颜料的深渊的拐角

面对灿烂，从牙齿中吐露的象牙色

今天，伸向我舌尖的语词多么艰涩

面对你，最亲爱的人，我屈膝以后送上来的嘴唇

2010 年 2 月 5 日

喜悦和哀愁从我的心肺中奔涌而出

今天，喜悦和哀愁从我的心肺中奔涌而出
早晨，我经过了水渠浇铸的四野
我是诗人，请相信我用舌头挟持的那种悲悯
从亲爱的你声音中散发吐露的母语多么质朴

我相信活够这一年，对我们多么重要
那些破茧而出的雨水已经在水渠中奔涌
那些日落以后的黎明复述出了花冠上的晶莹
那些午夜中慵懒的爵士乐中洋溢着爱情

今天，请你相信我，相信一个诗人的预感
旷野之上的那只忧伤的黑麋鹿

已经开始穿上了新装，已经举行了仪式

已经在庆典中获得了永生

今天，那些蓝色的中国丝绸

像一块巨大的阴影从前后扑来，企图窒息我

2010 年 2 月 5 日上午

光阴之于我犹如酒杯之于嘴唇

今天，因为拥有你，这场仪式
使我获得了一只忧伤的黑麂鹿的庆典
在云南广大的旷野，因为拥有你
我的酒杯在星月之下浇铸过了一颗沉醉的心

光阴之于我犹如酒杯之上的嘴唇
言说是那样美，那样忧伤
光阴之于你或我犹如悲悯以后的喜悦
思念摇晃着我们的身体，犹如隔世的光芒来临

在这破晓而出的新一年中，光阴之于我
犹如在澜沧江大峡谷正午的纬度中

歌吟过的阳光；光阴之于你或我

犹如四季辗转出世的酒杯

光阴之于我犹如酒杯之上的嘴唇

那一滴滴渗入咽喉的琼浆，使我饱受了时光的幸福

2010 年 2 月 5 日上午

因为思念你，我会复述出……

今天，因为思念你，我会复述出
那些岩石上的光亮，那些闪烁的麦秸
以越过钟声敲响之后的金色
笼罩着我们的忧伤和荣华的灿烂

今天，因为思念你，我会复述出
朝着我身体奔涌而来的那只忧伤的黑麋鹿
它忍受住的那种哀鸣，给我们带来了庆典
在旷野之上，它邀请你合声歌唱

今天，因为思念你，我会复述出
在澜沧江春天的纬度里

在大峡谷脱颖而出的一只酒坛前
我们的相遇，那些奔涌出坛子的美酒多么浓烈

今天，因为思念你，我会复述出喜悦的心
因为思念你，突然被世界之心的开阔地所湮灭

                          2010 年 2 月 5 日上午

庆　典

今天，打开门窗，让你进来
或者我们出去，世界的时间在演奏
那些阴郁的玫瑰的美，多么美
那些甜蜜的吟唱多么美

今天，谷仓中藏够了醉人芳香的诗歌
足够我们消磨世间光阴和忧伤
多么美，那些庆典之前的思念
仿佛从黑暗中摇撼身心葡萄

今天，黎明像奇妙的神仙降临
触角一样的思念，让我越过了沉睡的蓝色的台阶

多么美，世界之心的忧伤，以期待的思念
倾听着旷野和峡谷的合唱

今天，我以全部的力量，在深沉的寂静之中
从植物到焰火，从钢琴台阶到排箫的触摸

2010 年 2 月 6 日

那些取悦我们的时间来临了

蜜蜂的甜源自诗人的嘴唇

那些取悦我们的时间来临了

年复一年的歌唱之后，她的唇在干燥的尘土中

终于获得了光荣，因为，斧子如雷霆劈开了阴暗

那些取悦我们的时间来临了

从内衣中绽放的花粉，越过尘埃的根茎

企图占领纠结她嘴唇的那种黑夜的空旷

更加甜蜜的唇，伸向了蓝色的蜂房

那些取悦我们的时间来临了

蜂房中，女诗人的头颈垂立

犹如甜的雕塑，她背脊阴郁的线条

让看见她的人，产生出了象牙白的幻想

那些取悦我们的时间来临了

更加甜蜜的唇，终于伸入到蜂房的洞穴中去

2010 年 2 月 6 日上午

亲爱的忧伤

亲爱的忧伤，请给予我那些岩石上
纷扬起来的砾石，让它们蜷曲或疾飞于
我身体的内部；让它们在宽阔的地理中
远离开那些禁锢的胳臂，那些窒息的墙壁

亲爱的忧伤，请给予我一只蜜蜂
寻找到的配偶，那些用细小的电光
垒筑起来的蜂房；那些呼吸中的花蕊
梦或水编织或吐露的甜蜜

亲爱的忧伤，请给予我胸前的一只酒杯
所衡量的波浪，在那些纯洁和不朽的

距离中，潜游着比大海和陆地更加开阔的
我对你的爱，那些爱维系着我呼吸的秘密

亲爱的忧伤，深蓝色的黏土以上的春天
爬满了藤蔓和甲虫的身体，请给予我思念你的时间和
力量

2010 年 2 月 6 日上午

亲爱的春天

深深的沟，浸湿了鞋子的沟错开了
亲爱的春天，在赤裸的忧伤和孤独中
出现你的身影，寒冷似乎悄然逝去
仿佛一阵啜泣之后，绿枝挂满了窗幔

仿佛磨砺过手指的磁铁在下半夜
触摸到新木筑起的谷仓
那些玉米的睡眠，豌豆的眼皮
那些火焰的欲望，经历了最寒冷的爱情

亲爱的春天，我的语词所碰撞过的
那些阴影，以我柔软的身躯证明过的

那些永恒的疑窦，我知道

亲爱的春天，你已经震撼过我燃烧以后的灰烬

慢慢滑入我怀抱的那张脸

以荒野和黑暗之间的拥抱使我获得了永生

2010 年 2 月 6 日上午

那个震撼我的眼睑的人

那个震撼我眼睑的人
已经垂临，在一切麦穗之上的黑发
在飘忽不定的空气中的杉木
随着他的身体穿透了峡谷中最孤独的杉树

那个震撼我眼睑的人
使我忍受着被放逐或流放的寒冷
我可以是距离，是顺流而上的炼金术的口诀
我可以是女巫，是阴影和时间中的鳞甲的疼痛

那个震撼我眼睑的人
垂临在我歇息的台阶下面

以平分昼夜的酒色移动着我眼睑下的阴郁之花

精美的地壳，带我与野花和神仙出入的苍穹相遇

那个震撼我眼睑的人

朴实的器皿，大峡谷的后裔，吻过了我眼睑的爱情

2010 年 2 月 6 日上午

勒斯波思岛的萨福带来的爱情消息

勒斯波思岛，暗色的窗幔
拂动的蓝色的眼帘，在那里哽咽着
爱情的渊源，秘密的飘带传递着
在窒息的夜里，不断分解连接的风暴

勒斯波思岛的萨福带来的爱情消息
跃入我眼帘的，两片嘴唇的暗礁中包含着
爱情的地狱或爱情的天堂
穿裙子的萨福散布了她最新的爱情消息

早晨灰白的风季环绕过了我的面颊
在重新升起的白昼中，穿长裙的萨福

情人中的情人，诗人中的诗人

用蜜蜂一样放纵的姿态挽救了爱情的身体

勒斯波思岛的萨福从古老的爱情诗中

穿巡了我一生燃烧的眼睛，被灰烬所埋葬的爱情

2010 年 2 月 9 日上午

所有戒律都不被我放在眼里

亲爱的，我想剥夺你全部的戒律

在这里，微烛拂动，空中的青枝也在舞动

在我身体中，垂死的那部分重新活过来

就连裙裾也那么芬芳，好像不断的盛放

所有戒律都不会被我放在眼里

全世界祭祀爱神的泪眼也不会

封锁我奔赴你，想拥抱你的道路

从昨天到现在，到将来，所有戒律都已经失效

亲爱的，给万物，给夜晚

那些陈述过的魔沼，足以致我于死地

然而，那些疼痛不够强烈

因为面对你，新的垂死像是万物已怒放

我想用女诗人萨福调料中的蜜和盐

散入夜色，既然你不回头，我就不断地在垂死中碰你

2010 年 2 月 9 日上午

与放纵爱情的女诗人萨福活够这一年

投掷出去的短筒，潜伏着爱情的暖流
它们不断地回来，得到了我胸乳前足够的体温
然后，回到万物，回到你消磨光阴的那边
今天，祈祷的血迹中出现了你的脸

你的脸，再一次让我忧伤，在夜里
我用唇湿润那张脸，让我渴望的
穿透了太长的黑暗。那些湿裙中的足踝
仍在昼夜，不安地被夜色摇曳着

与放纵爱情的女诗人萨福活够这一年
尽管我嘴角里不断地饥渴地流动着

一条河流；尽管这条河流残酷地隔离着我们
爱情的福祉在哪里，女诗人萨福用手指了指

与放纵爱情的女诗人萨福活够这一年
我就会变成亲密的蜂房，进入你灼热的嘴唇

2010 年 2 月 9 日上午

蜜蜂中的萨福告诉了我什么

我穿越了整座勒斯波思岛的暗礁

只为了邂逅女诗人萨福

在暗礁涌起的岛屿之上，我看到了

女诗人萨福金色的蜂房，飞舞着碰撞的蜜蜂

蜜蜂中的萨福被爱情的许多世纪

不断地哀悼，祭祀过的嘴唇

散发出最甜的琼浆。从岩石上飘曳出的

许多蜜色像是光芒一样炫目

在蜜蜂中为爱情所折磨的女诗人萨福

回过头来，看了我一眼

她饱满的前额，甜蜜的唇，被残酷的
爱神所煎熬的胸脯，微微战栗

蜜蜂中的萨福告诉了我什么
那些从蜂房中送到唇边的甜到底有多甜

2010 年 2 月 9 日上午

我以为我之脆弱像一根蜜翼

当一只蜜翼折断时，所有甜蜜的唇
都已经厌倦了监禁，像是割舍了
爱情的悲剧。那些折断的粉烬
投掷在岩石上面，被萨福所看见

我以为我之脆弱像一根蜜翼
像一根蜜翼，不再震荡，不再为爱情而流亡
那些甜蜜，凭着女诗人萨福的吟唱
已经折断，已经被万物所熄灭

从没有这样的爱，奴役过我的蜜翼
那些触角的哀伤；从没有一个人

在这片黑暗中，赢得过我撕裂过的歌唱

在柔软的我的心房，纤细的丝缎在等待着你

我以为我之脆弱像一根蜜翼

整个身体献给了伤我之心的那只夜莺的悲泣

2010 年 2 月 9 日上午

女诗人萨福再生的舌头

在勒思波思岛铺开的波纹中
女诗人萨福的舌头，曾在一个爱情的
午夜，彻底地因吟唱而断裂
勒斯波思岛在哭泣，为疼痛的舌头而伴奏

在勒斯波思岛哀悼过的名册中
飘曳过女诗人萨福的舌尖上最甜的刺
火焰跃起，仿佛想熔尽那些甜蜜的刺
那只断裂的舌头，穿过了勒斯波思岛爱情的夜晚

在勒斯波思岛，甘棠般的双臂
从空中垂直，拥抱着女诗人萨福

所度过的最长的黑暗，为她的舌头

不朽的女神所复述过的疼痛不断加冕

女诗人萨福再生的舌头

就在我嘴里，紫绛色的疾病源于这种强劲的吮吸

2010 年 2 月 9 日上午

在澜沧江甜蜜的纬度里

这是蜜蜂的暖巢，这是不分距离所再现的
堡垒中的、热烈的峰房。甜蜜隔开了屏障
从幽灵也无法左右的蜜蜂的琼浆中
隔着黑夜而来，隔着那些疲惫的足迹而来

澜沧江迎来了春天，那些盼望新朋友的人
那些在隔离开的时间中失去接吻的人
保持沉默的人，在土坯屋中失去记忆的人
那些在蜂箱中来回地被蜇痛的人

他们抬起头来，召唤着扑面而来的甜蜜
这些比身体的肉欲还激荡的甜蜜

在他们嘴上，在唇之上，在含盐的味蕾中
来回地被品尝着，掩盖了绝望的真相

在澜沧江甜蜜的纬度里
我遭遇到的爱情的芳香，被再一次蜇痛了

2010 年 2 月 10 日上午

黎明已降落在她的乳峰上

她的乳峰满载过爱情的搏动

仿佛峡谷中洁白明净的象牙

在她的乳头上起伏波动

犹如下半夜的芳香，随狭长的手指在移动

随着明媚的春天的降临，她乳峰上

已经送走了一艘船，在她断裂过的

一只收藏已久的爱情陶罐里

有她发丝一样的哀鸣，拂动着雾霭中升起的忧伤

黎明已经降落在她的乳峰上

甜蜜的刺在她的肉体中沉入下去

震撼她睡眠的钟声之下，爱情抚摸着
她越来越隆起的乳峰

黎明已经降落在她乳峰上
没有人替代逆流而上的季节，没有人湮灭过她的爱情

2010 年 2 月 10 日上午

雨丝逆流而上淋湿了峡谷上的种子

雨丝从睫毛处，从眼睑下
淋湿了今天，这是星期天的早晨
我溯流而上，与一只寒冷的蜜蜂相遇
我会在一个吻中，死于蜜蜂的甜蜜

现在，纯洁的澜沧江渐渐地
露出了容颜，充满了盐和橄榄树的岸上
雨丝逆流而上淋湿了峡谷上的种子
那些从寒冷的杏仁中落下去的种子

那些从热烈的橙树下落下去的种子
那些从忍受了寂寥的石灰燧石下落下去的种子

那些苹果树下的种子，那些炽热手指下的种子
那些杉树下的种子，那些从子宫中落下去的种子

我所热爱的大峡谷中全部的种子
被肉眼看见，被忍受爱情的疼痛所看见的种子

2010 年 2 月 10 日

与一只蜜蜂相遇的二〇一〇年的春天

我走了很远，摆脱了那些发霉的旧札
那些细小的线条抖动着，铭刻着
我今世失去过的回忆。现在，我来到了
炉火四溢的丘陵，仰头可以看见一棵石榴树的再生

与一只蜜蜂相遇的二〇一〇年的春天
每一天飞舞的蜜蜂都不雷同
它们碰撞着来来往往的陌生人的下巴
不仅仅是为了蜇痛，而是为了礼赞春天

与一只蜜蜂相遇的二〇一〇年的春天
最秘密的花枝摇曳，仿佛为我呼喊

亲密的爱人出世，他睡着的时候
我曾经惊醒过他的梦魇

与一只蜜蜂相遇的二〇一〇年的春天
我随一只蜜蜂访问了玫瑰以外的故乡

2010 年 2 月 10 日

细雨使亲爱的萨福再生

我知道，穿长裙的萨福
此刻正在遥远的勒斯波思岛中行走
她赤着脚，麻质材料的长裙曳地
使她追不着令她心碎的那只蜜蜂

勒斯波思岛因为有萨福
会永恒地被爱情的魔法所笼罩
今天，细雨中，萨福垂临
她是我的姐妹，是我诗歌中所有的符号

细雨使亲爱的萨福再生
洗劫过她身体的那场洪水

今天，同样在掠夺我的梦乡

因为，我最爱的人，带着高贵的心灵正参加葬礼

云南冬天的细雨，已萌芽着春天的消息

拍动翅膀的萨福，从疲倦的安眠中已经再生

2010 年 2 月 10 日上午

在砾石和豌豆交织的阴影里

在砾石和豌豆交织的阴影里

深藏着我的嘴唇，它们在织物时的吟唱

在黑葡萄的酒窖下，深埋着一首民谣

以它们永恒的醉意证明了人像葡萄一样可以发酵

砾石在最南的地垒中，以纪念或筑起

广袤地平线而变得蔚蓝

而豌豆已经在春天的田畦中啜饮着空气

在我遇见你的时间，我已经穿过了蜥蜴的老家

我已被自由的来之不易

被砾石和豌豆交织中的阴影里

所举行的空中的盛宴所笼罩

那是一些人类之外的精灵在空中跳舞

在阴影里，在砾石的尖锐中，在豌豆的寂静中

"所有灯盏都暗下去了"，暂时的暗淡

2010 年 2 月 10 日

风啸声吹拂着一种预感

炽热披肩浸入最暗的礁石之上
我终于放下了哀愁，来到了
接近你酣睡不醒的床榻前
夜色啊，水银的拥抱中倾泻而出的一些碎片

风啸声吹拂着一种预感
因为我来了，我带着躯体
"这是唯一属于我的东西"
荒芜岩浆中绽放出的一颗最黑的蓓蕾

在强烈如火焰熄灭的预感中
我们会死于倦怠，因为脚踝折断了

失去了奔赴你的道路；因为心已经撕裂开了

那些甜蜜的，贴近耳朵的音乐湮灭了我们

我们就这样，张开双腿，扬开双手

言词，这些剧烈的致幻剂，催促我们快快地死去

2010 年 2 月 11 日上午

在如此纤巧的王国里

我们吻着，犹如两只野兽

想在甜蜜的狂野中，吃掉对方

垂直在地平线的那些根根线条

多么柔软，多么像波浪出世

在如此纤巧的王国里

我们来不及挣扎，来不及倾诉

我们来不及哭泣，也来不及融在一起

就已经死去，在苍穹那些水晶的吮吸中倒下去

在大峡谷以上现在已经迎来了春天

我们倒了下去，触到的第一只蜜蜂

它滋润了嗓子，还给了我甜蜜

在我们倒下去的地方，有一大片黄菊花摇曳

在如此纤巧的王国里

没有惊心动魄的鸟迎风而上

2010 年 2 月 11 日

诗人曼德尔施塔姆甜蜜的药丸

诗人曼德尔施塔姆甜蜜的药丸

今天，被我品尝着，凉风一遍遍地

吹拂着猝然而至的肩膀。亲爱之人的肩膀

让我依偎到了低语和一颗药丸

午后的阵雨浇铸了这种虚空

我们寒凝时的眼睑，依然在死灰中

想把那颗药丸的波涛汹涌所拥抱

甜蜜的药丸，穿过针叶，穿过我蓝色的亚麻布裙

诗人曼德尔施塔姆甜蜜的药丸

维系着我们的心跳，那烛光最暗

却穿越了穹窿，使我寻找到你的面颊
在不可企及的触抚中，蓝色的亚麻布裙不断地出声

噢，甜蜜的药丸，玫瑰的深渊
被你奔赴而来的热浪覆盖过的我的躯体

2010 年 2 月 11 日上午

在澜沧江烛影的纬度里

摇曳的烛影，神话中的一切陷阱暗涌

古时代一个先知闪耀的舌尖，在烛影中历现

在澜沧江烛影的纬度里

酩酊大醉的农夫们趴在石头上看星星

荞麦的啜泣像溪流折磨着习俗

殡葬以后的春天，万物闪烁着葱绿

我哭泣的伙伴，使我迷路的爱侣

在澜沧江烛影的纬度里终于使我狂野起来

我穿过了鬼魂们游行的袅袅琴声

那种出土的乐器，凝固着午夜的露水

我穿过了失语的山间幽林，好不容易在黎明前夕
钻进你的身体，你梦的暖房

在澜沧江烛影的纬度里
长夜漫漫，随同烛影焚烧了我们最后一点甜蜜

2010 年 2 月 11 日

夜色弥漫

迷失在人群中，这是爱你的歧途
迷失在一只黑蝙蝠所煽动的死亡中
这是爱你的末路，迷失在你对我的不倦爱恋中
这是爱你的再生

拒绝了全世界的约会
有你已足够，有你就有了巨大的谷仓
有你就有了像绿绸似的大海
有你已足够，有你就有了打开的大门

有你就有了可以通往的良宵
有你已足够，有你就有了看见云雀的午后

我伸手给你，世界的磁铁穿越了身心
亲爱的，有你已足够让我身心灿烂

夜色又一次弥漫，亲爱的
有你已足够让我舍弃一切繁芜枝叶

2010 年 2 月 11 日上午

酿酒师

我的手触不到谷仓以下的地窖
它们筑起了死亡之外的一些坡地
又拒绝黑色蝙蝠进入这里的阴凉
树叶凋零以后，在你双手的触抚中仍能感到森林盎然

谷仓旁边的地窖，取制一支短矛
一个哈欠的幻觉，一种短促深渊的荫地
在盘旋下来的一只鹰的绝望声中
你筑起了让世间沉醉的天堂

取制玉米、麦芽、山泉和水晶色的地窖
数不清的坛子从荫地上冒出来

与世间一切死亡的泪滴抗拒

醉人心弦的波浪，在我咽部以下的深渊中盈动

澜沧江岸上质朴的酿酒师

面临着连绵不断的幻觉和制造裂缝中的熔浆

2010 年 2 月 12 日

最初的一点点甜蜜

在鸟儿逃亡在繁芜枝叶之外的世界时

我爱上了你的嘴唇，于是，那些言词在喊叫

它们为我们日益漂流的心房而搏斗

最初一点点甜蜜从张开嘴唇时盈动

我像雨水般爱上了你，爱上了那些最黑的榛子

爱上了那只最黑的黑麋鹿，爱上了从河床上

飘来的黑色的浓雾，爱上了黑的、战栗的唱片

爱上了我们同时迷恋的一支歌曲，爱上了相互跟踪的

魂灵

最初的一点点甜蜜，从岩石缝中向外渗透

那些忍受住了思念的眼睛，泪水浇注了芳草
最初的一点点甜蜜，在雾气涌来时
像湿润的蜜蜂，跌落在花房

亲爱的，最初一点甜蜜在我爱上你之后
忧伤地恳求着你，要求你赐给我浓烈的长吻

2010 年 2 月 12 日上午

漫长的星期二的唱片

漫长的，星期二的唱片
旋转着，硕大的花朵在里面绽放
犹如黑的郁金，相互爱恋
黎明到了黄昏，持续地诞生新的哀伤

唱片的针尖像是一种蜜的刺，在春天来临的时刻
抚摸着炽热的甜蜜。以此使我们
在离别的思念中战胜悲恸的枯干的石榴树的哭泣
那些伤心的哭泣的铭文，以不断的斑驳而窒息

请在漫长的，星期二的唱片中
给我一个致命的长吻；请你在橙树的身体外

张开双臂，像是拆散时钟的发条

让我们自此以后不再分离

在漫长的、星期二的唱片中

不断地在低音中复述着晶莹的泪滴，浸着血的嘴唇

2010 年 2 月 12 日上午

在澜沧江唱片的纬度里

野罂粟花的颗粒洒遍了那片山冈

根须裸露的坡度，犹如血管纵横于身心

在澜沧江唱片的纬度里

不断地有天上的鹰在相互加冕

裸露的煤灰沿着蔓藤飞扬下去

在每隔十里或五里的峡谷中

总会有纯洁的喷泉欢快地鸣唱

总会遇上嘴唇绽放的人敞开心怀

在澜沧江唱片的纬度里

岩石上的曲线，剥落了巨兽的外套

那些华美的皮毛，随同我相遇的黑夜而纷扬而下
直到我寻找到亲爱的人，他嘴唇中凝聚的微笑

在澜沧江唱片的纬度里
一只黑陶出世，环绕着湿润的嘴唇上两片磁针

2010 年 2 月 12 日上午

我的嘴唇，我的爱情

我的嘴唇，我的爱情
沿着我身体中被浪涛汹涌所绽放的
一朵朵阴柔之花的痕迹
沿着水的夜晚，前来与你聚会

我的嘴唇，我的爱情
从花粉的惊散中，使我像古战役中的
逃犯，潜藏在树叶的房间里
如燃烧的黑煤和水晶身体的哆嗦

我的嘴唇，我的爱情
在这忧伤的王国中，接受了死神的舞蹈

用象牙色的筷子敲击着牛皮鼓

让你获得永生的殊荣

我的嘴唇，我的爱情

等待着像玉米粒从旷野中永恒地消亡

2010 年 2 月 12 日上午

那些消亡过的口诀

黝黑中的灰烬，从高耸入云端的
星空之下带着一次小小的死亡
陶罐中一颗挣扎的心迹
深埋在广阔的澜沧江的口诀中

那些消亡过的口诀
那些蛛网的邻居们
那些啮齿动物的相互的搏斗
那些血红色的裂缝和花瓣

人或兽都将重新面临着战役
我等待着柔软的丝来临

我等待着纠缠的黑麋鹿如期抵达

我等待着春天的石头破开一段口诀

那些消亡过的口诀

从我发丝般的雷电中，丝丝缕缕地惊起一路的鸟翼飞翔

2010 年 2 月 12 日上午

器皿之美

惊起枝条婆娑舞动的那只器皿
从我纤细的脉管中，穿过了稀薄的空气
穿过了受伤的唇之疆域
落在了秘密的心尖，被你的眼睑所连接

银的花边，黎明的胸乳，诡异的蜘蛛
编织着的孤独。惊起了春天上暗影的
那只器皿，从你的黏土的脚下
它遇到了不可逾越的最美的唇之疆域

惊起了你们欢爱之河床的那只器皿
汇聚起峡谷的闪电

在我们夜的手指下，风暴一次次

激荡起潮汐，直到寂静和穹隆闭上双眼

世界闭上了双眼，爱神也闭上了双眼

惊起草木之欢悦，琴弦之忧伤的器皿合为一体

2010 年 2 月 12 日上午

致命的毒丸

请赐给我一颗致命的毒丸
来吧，到我裸乳的峰尖上
攀缘着植物，音鼓和泡沫的暴风雨
替代我损伤的手指抚弄喑哑的琴身

那些毒液的脚掌，践行过了刀剑的血腥
波浪的真理并未呈现，连同爱情的嘴唇
也在最深的哀怜中，称之为无限甘美的灰烬
人尽皆知的死，已渐渐逼近我冰冷的嘴

致命的毒丸已抛进我的口腔
正沿着乌有的空间，扩展我们期待的死亡

弯向我身体的那株向日葵

开始颂扬我越来越苍白无血的祷词

多么无力，多么苍白，多么徒劳的爱情

已随一颗致命的毒丸，消灭了我生命的期待

2010 年 12 月 12 日下午

黑麋鹿的哀歌

如果你必须离开，就从我血液中
取出一部分液体，它们尽可以制作出晶莹的
乐器声，汇集在峡谷，再移植到你身体
作为我永远爱你的一种邪说

如果你必须离开，就从我骨头中
取出一部分肋骨，自创世纪就有的双肋
它们尽可能供你作为农具抚摸，也可以挂在壁垒间
像弓弦，即使断裂，也难于逃出一种死结

如果你必须离开，就从我的嘴唇中
取出一部分语词，就像古希腊的悲剧

诗人所发明的悲剧，它们尽可以使你在享乐之后
作为人世间最后的哀歌，成为你聆听的哀乐

黑麋鹿最后的哀歌吟唱完毕
黑麋鹿已转身，它的背叛声如此有力，如罪孽弥漫

2010 年 2 月 14 日

中国远征军第一次出缅记

1

一直想有这样的机会，回到 60 多年以前，回到那个暗夜

如果天有多么黑，我的嘴唇、发丝、诗歌、足踝、双臂就会

有多么黑。因为黑，永远是战争的源头。我一直在黑色的

箭头下

出发，穿过 21 世纪的虚 w，我来到了缅北

站在热气荡漾的中缅边境口，我的身体已经回到了

一团热浪深处，它托起我身体将使我经历一种创痛的开始

因为战争，我的嘴唇开始变黑，这是硝烟之黑，战火之黑

这是我被战争所诱引之黑。它是一曲以黑色为主调的挽歌

将带我沉入那黑色的远方，噢，远方就是中国远征军

为生死之谜而赴约之地。远方，有子弹在飞，有子弹在飞

那嗖嗖穿过的子弹，确实在飞，像沉重的眼泪在飞

我以我个人的力量在飞，只有当我飞到子弹穿过的缅北

我的肉身才可能飞到子弹前面，只有飞扑在热浪之下
我的肉身才可能寻找到子弹寻找的敌人。因此，我在飞
21 世纪的缅北遍地是商品，像我的祖国，商品们
已经堆集到灵魂的出口，阻止了天下人自由自在地飞行
此刻，我在飞行，我想寻访到那些子弹穿过的热浪滔滔

2

天幕中出现了中国远征军，这是一支出现在夜幕最黑的
热谷中的军队，他们抵达之地已被掀起第二次世界大战的

来自日本军国主义者的战刀挑开。战争是用锋刃掠开后的

舞台

每次战争都与掠夺和侵略相关，因此，战争就是毁灭

在毁灭和进攻中将有更多人死于子弹的穿越之中。这穿越声

使滇缅公路暗藏着玄机，我知道那玄机，那些比死亡更惆怅的

是什么？你们知道滇缅公路是一条什么样的路吗

筑路劳工的死亡书铺满了它的开始或末尾，而此刻

有书载："我军陆续由此入缅，军运全用卡车，每车载25至

30人

马则4匹，日常军需甚多……"这一天又一天

苍茫无垠的高山峻岭深处弯曲而凛冽的路况辗转出满面的尘埃

在尘埃之上的将士们，同样是满面的尘屑和奔赴的壮志

这些壮志之下铺展而去的形状就像一条条缅北湿热森林中

脱颖而出的巨蟒，它们披载着满身的星月和灼热的心跳而去

直到今日，我仍能在这条著名的滇缅公路上

触抚到那些从无数尘埃和野生灌木丛中蔓生出的心跳

那是一个人的心跳，一群人的心跳，比如一只鸟一群众鸟的

心跳。这心跳声未在战史中有过任何记载，历史从未将心跳声

记录在案。我想在此刻，借助于那些纷乱的尘屑
划破地平线的刹那间，倾听到一个人或一群将士的心跳
尽管泪水已经蒙蔽了我的视线，我仍想追赶上那个季节
的心跳

3

那些越过了尘屑的心跳将越过泛黄的卷书，那些没有紫
气纵横的
远景，被一阵又一阵透不过气来的心跳，弥漫之后，我想
看到
中国远征军的舌头，那些属于连接着红色心脏的舌头
保持着足够的沉默。因为，这些用于言说的舌头，只为了
在战场上去喊叫。因而，我所看到的舌头，全部都呈隐形的
飞翔，呈现出植物河流上空以无影机随的飞翔，沉默于
云絮之上
沉默于 21 世纪的星辰之上。这就是我捕捉到的
云里雾里的玄机之一。而此刻，当我正在伸出我的舌头时

我证明我在活着，当我的舌头活着时，我的言词也在活着

所以，我使用我的言词在追赶着前面滚滚激荡的热浪

追赶着中国远征军将士们充满温度的舌头挟裹在远天之外

噢，缅甸，中国远征军正在出缅甸，出缅甸

这个拥有森林玉石的国家在哪里？隔着遗忘之梦

我的触觉，以一个诗人的名义，可以触到那些60多年前由隐形

到喊叫的舌头吗？这些缄默的舌头，直抵第二次世界大战的

缅北，直抵我心头的一场纠结，直抵我尽头的一场荒凉

直抵我的追忆，现在，我抬起头来，看到了中国远征军的戎装

看到了那些从古至今的戎装上的黄，草木和秋色般的黄

不是绚烂的黄，也不是尘埃般的黄，而是壮士和英勇的

那种黄。黄色裹紧了这支神秘出境军队的身躯上半身

裹紧了足踝。而舌头，唯有最柔软的舌头还没到达叫喊的时辰

4

传说中的中国远征军士兵们大多数都脚穿草鞋赴缅

是的，我看到了用中国乡野间的茅草或稻草

编织的草鞋。我知道中国工农红军爬雪山过草地时

脚上穿的也是草鞋，因为草鞋是我们国家的土地上最旺盛的

野草和稻草的编织体。因为穿上草鞋可以离我们的爹娘更近

一些

可以离我们故土的星月更近一些。因为穿上草鞋可以更轻快地

抵达战场可以纵横中越过壕沟，可以勇往直前

传说中的中国远征军就这样穿上草鞋来到了亚洲的主战场

在那时刻，无论是穿草鞋的、穿胶鞋的穿皮鞋的将士们

脸上都充满了英勇赴战的豪情，尽管每个人都知道

赴战者生死未卜。我知道占卜术，多少年来

我身边一直有《易经》相伴。它是我与时间与命运

结盟中的亲密伙伴，因此，我深信

每一个人的命都是生死未卜的神学符咒，都有相依相随的

金线银线萦绕不息。而此刻，赴战者就在层层叠叠的热浪中

每个人都忘记了生死之谜，因为只有在忘记生死之谜时

才可能利用穿着草鞋的脚，穿过生死两茫茫的地平线

这是脚下穿越的前奏曲，中国远征军第 5 军的先头部队

已从滇西边境的畹町到达了腊戍。之后，是东吁

之后的第二天，仰光已陷落。啊，陷落，就像是一座城的灵魂

倏然间，从头顶到脚下的惊慌失措。之后，是一场梦魇

5

布防战争，在今天的 21 世纪已经逐次消失于口语和生活的

层面上。我早就已经滋生并挥之不尽的忧伤

在今天的语词中将结出新的痕迹。从中国远征军入缅布防开始

我将用诗篇寻访到生死之谜战争舞台的传记

传说，这个词源于我们灵魂领域中那秘密的巢穴

或者源于一曲飘忽不定的歌谣。此刻，热浪涌过我面颊

我寻找，为另一个自我的前世追踪，为了我眼前的祭典

中国远征军已经布防仰光，这是滇缅路的入口处

这是一个穴道，仰光丧失，就意味着滇缅路失去了魔法口令

今天的我，来到了仰光，西斜的光泽移动着往昔的光阴

在这光阴中，是否移动着中国远征军的足履

来自中国滇西的足履，破密林，劈开深幽的江河已步步逼近

这热带水果的深穴。而此刻，从满街的异域水果花篮中

散发出榴槤、波罗蜜的奇香。啊，这世间之味

让我去何处探测 60 多年以前在那个暗夜对仰光的布防

那些抵挡第二次世界大战中的第一道堡垒啊

我对于堡垒的执迷，源于白蚁的宫殿，在辽阔的滇西

到处都是白蚁筑造的深宫；在我书房中，也有我的堡垒

除此外，每一只鸟飞翔处都是枝叶繁茂中的堡垒

每个人用其一生都在建造着供个人心灵出入的堡垒

一场战争的开始不知道要多少道堡垒又要摧毁多少道堡垒

6

布防于同古，是因为同古是位于仰光和曼德勒之间的

一大城市

在它们相互的挟持中，水生出水，叶簇拥着叶，屏障生出

屏障

之后是棠吉，在它果实般的腹地上，缔结出了公路铁路

通往塔泽，铁路衔接着仰光和曼德勒，公路还连接着景栋

和腊戍

布防于曼德勒，是因为曼德勒从缅甸中部脱颖而出

在它那西倚伊洛瓦底江的岸上有激流，东依东加亲山脉余

支的

是屏障，在激流和屏障中的曼德勒城已沦陷

布防于腊戍，是因为腊戍是入缅中国远征军的基地

为缅北通往中国滇西的主要门户

缅北的腊戍啊，有起伏的腹地，装满了中国远征军的抱负

救命的粮食和弹药。布防于密支那，是因为密支那

位于伊洛瓦底江的上游，高黎贡山的西麓

其地理位置，显示出了中国远征军的后退之路

布防于密支那，意味着中国远征军已将密支那的

特殊战略谋图预见。从布防仰光、同古、棠吉、曼德勒、腊戍

密支那的路上，我掌心中央仿佛被一场充满生死之谜的卜告术

笼罩着。它在纹理中推动的波澜，助我在缅北

造访我内心最猛烈的痛，造访子弹到底能不能击穿肉体的拷问

造访黑夜深处的曼德勒的布防图卷。而此刻，一个着裙的缅北

美人，吸着香烟，我想起了金三角坡地上大片红色的罂粟花

我想起了大麻、鸦片、白粉。而我抬头，我陷入了最深的战乱

我陷入了生死之恋的炉膛，我陷入了红色和黑色的长调中去

7

那场最深的战乱已在我骨头中成为史前的寓言，我不能
偏离它

是因为我爱上了诗歌。是诗歌使我在滇西发现了战争遗梦
就像我的幼年是滇西蝴蝶让我发现了蝴蝶的标本，从而让我
成为诗人。我正穿过曼德勒城，我穿衣穿鞋是为了在世间
停留或涣散于爱和谜语。我追寻战乱是为了赴约于光阴
给予我的造化和梦书。我在曼德勒城回到了 60 多年前的沦陷
只有在这里我会与折磨我的那个人相遇，爱情不是用来聚守的
也不是用来繁衍生殖的。爱情被灵魂所熔炼，必被灵魂牵引于
云之上，雾之间，必被灵魂用来制造生离之别的盛宴
爱情让我来到了曼德勒，在幻觉和理念的双重帷幕间
我需要云絮升腾的幻觉，替我寻找到孙立人将军的再生
我也需要石头般的理念，替我在人间复述清楚爱的涅槃
噢，因为战争，孙立人将军来到了曼德勒
他着中国远征军将军服，我一直在研究那军服下他身体中的弹片
据传说，他身体中已经布满了弹孔。我曾为那些莫名的弹孔

哭泣过。此刻，眼前是 60 多年前曼德勒城的残垣断壁
孙立人将军走过来了，这是 60 多年前。恍若隔世也是一种
美学，它载满世间的虚空，尽管如此，在那一夜
曼德勒城最破碎之夜，我看到了孙立人将军充满骨感的脸
我看到了一场爱情的风暴。我看到了一个逝者的永生
我看到了由我开始的一场醉生梦死的远行和思念

8

生离或死别，始终是我最依恋之美学。即使我操纵着剪刀
也无法将舞台上荡起的这一幕的忧伤剪断，在风起的又一层
热浪中，此刻，让我正视中国远征军的武器，今天的我们
已经无法追赶上一个古代狩猎人用弓弩追赶到的那只猛兽
我曾经在一家关于古哀牢王国的博物馆，久久地凝视
那只几十个世纪之前的弓弩，我似乎倾听到了那弓弩
顷刻间风化的声音。我也曾经在风生水起的洱海边寻访过

南诏王的弓箭。从弓弩到箭的演变再到子弹上膛的时刻

因为人类的杀戮，激活了一个世纪又一个世纪的武器发明者

人类以发明适宜人间的各种游戏器物而名世

啊，从最古老的新石器时代所熔炼的青铜刀剑开始

我认识了淬于火的仇恨和爱恋的人语声声

我透过史前的战乱，透过从亚麻布的帷幕中初露出的人类杀机

听到了苹果坠地的声音，看到了秋橘被劈开的泣泪

正是这些东西发明了人类的武器，发明了一个世纪又一个世纪的

黑色蝙蝠侠式的角斗和碰撞。之后，是群蜂般的倾巢出动

是野兽般的号叫，所有这些都意味着中国远征军肩头的武器

要敛集继往开来的所有历史舞台上的秘史

要敛集天下人悬于心底的那一束束惊悚之寒光

要直抵人之身体要命处的那种尖锐之凛冽

要解决爱恨交织的立场要让子弹出膛要让炮火弥漫开去

9

现在，我要掠开战争的幕布，那沉重的幕布

那比缅甸玉更沉重的时刻已近在帘下，近在我透过的时空外

尽管时空就是空得让人发怵的嘘声，从这嘘声中落下的

是梨花一样的白，那白经过周转不息的暗夜之后

是发黄的白，像所有旧日子一样的白。幕布下是中国远征军
的脸

这一张张年轻的脸，出自中国汉字的面孔，它们发黄

是因为那是土地的褐色，是来自中国老皇历布满隐喻之美的黄

而此刻，这些年轻的面孔将古老的中国隐喻带到了缅北

带到了彪关河流域，中国第 5 军第 200 师兵团和步兵工兵

来到了彪关河担任警戒。天色以黎明和黄昏之间的分界线

划出了世间的阴阳之交，划出了我所捕捉到的迷离

整个 2012 年，我都生活在要命的迷离之节令中

我以我之虚幻之触角在苍茫以上，够到了梨花的白

那些炫目的白，足够让我领略时间之暗夜的满屋凋零

水就在炉上沸腾着，橘树就在山坡上暗自生涩和成熟着

而我却已经来到了彪关河，知晓中国远征军出缅者都能分晓

彪关河前哨战的记载。在一条河的周围，将发生什么

我们知道中国远征军出缅又是为了什么？现在，我看见了

日军

他们长驱而来，穿过海洋上岸，想征服内陆之岸上的国家

他们穿着军靴而来，穿过了缅甸的地下矿产已来到了彪关河

那些轰隆过来的车辆来到桥上时，顿然间随大桥陷落

10

这遗梦正从我的呼吸声中穿越而去，它们已随一场战役

在飘荡。只有在这个时辰，我可以咀嚼从我心腹间深深垂

落的

那些早逝的梦境。我可以仔细地端详一座桥梁上的敌人

是谁发明了敌人这个词汇？是口腔上的舌尖？还是冰天雪

地的冷

是谁发明了敌人这个词汇？是热烈的爱与恨？还是难以
忍受的燥热？是谁发明了敌人这个词汇？是细雨淅沥中的
晶莹
还是抽刀断水水更流的风景？是谁发明了敌人这个词汇
是惆怅的催眠术？还是麦芒上的针尖？是彷徨的时间
还是明镜照耀下的词语？很长的时间，在缅北，我所看到的
都是我们的敌人。就像在彪关河我看到了成批的敌人倒
下去
在1942年3月20日的彪关河北岸，第200师先遣部队们
与日军1000余人发生了遭遇战。噢，遭遇到战争的人们
他们也许就是相互的敌人。这些遭遇使两个国家的将士
在河的北岸相遇，他们用刺刀机遇，用猩红奔溅的热血相遇
用捍卫和践踏来相遇。几十次的遭遇战争中倒下去了又一
批人
彪关河战役使中国远征军挫败了日军的骄气，有500多日军
倒了下去。这次战役捕获到了日军的军用地图，这摊开的
地图上的侵略符号，仿佛想一口气吞噬热气腾腾的美食
这就是战争的潜符号。只有在这个云南的初秋，我领略了
战争

内心又回到了中国远征军的远征，回到了热风荡涤下
那些汗淋淋的战争，回到了来不及喘息的夜晚

11

一个人只有在光阴中虚度过，虚度完真正的青春年华以后
才会爱上布满疤迹的身体，爱上苦难和遭遇黑暗统治的岁月
爱上洒满鲜血的玫瑰与刺， 爱上勇敢复述在生与死
摧残中升起的伟大而辽阔的时间。我就是这样的人
此刻，再一次的，我用牙齿咬住了舌尖上的痛
那些从阴郁中感知光芒来之不易的痛，那些切肤之痛
那些从中国远征军的一份份阵亡书中获悉哀愁的痛
在这个八月末的最后时辰，我呼唤于语词，因为语词
世界焕发出了时间的魔章。我又来到了另一战役
这些战役距离我们确实太远了，远或近永远是一道风景
它的美，近在咫尺，远在天涯。它的美学消磨着我们的年华

而此刻，我的叙述重又翻过层层叠叠的险川

去缅北的路曾经是我用眼球感应的一道地平线

就像地球于我是一片绿洲一片沙漠，它们引领我

去造访人间的逸闻。我曾感慨万千复述的生与死就在
前方

我叙事中蛇一样蜿蜒的，是奔涌奇崛的你们：我爱上了
你们

我仰头聚首的你们，是一场我生命中的蛊惑：请你们爱
上我吧

就像我爱上了你们出膛的子弹。没有人告诉我，一个人

是怎样将子弹推出了漆黑的枪口？也没有人可以告诉我

铸造黑色的铁到熔炼一支枪，到底需要多少秘诀

就像进入缅北的我，不知不觉已进入了东吁之战的长夜
弥漫

12

在很长的时间里，我一直在坚持使用弥漫这个词汇
弥漫于我，是乐音师调音律的心节，它们为下一神曲准备
好了
波澜，因为音律的前世就是一道道穿水而来的微澜
弥漫于我，是酿酒师的酒窖，它们在澜沧江之岸上
要下到底谷的深渊，才能酿制出醉生梦死者的迷宫
而此刻，弥漫于我，已来到了东吁，只因为东吁
是仰光至曼德勒的第一座大城，距曼德勒 200 公里
只因为东吁在战事中是曼德勒的一道重要屏障
在战争中屏障也就是我们的胸膛，世上所有人使用屏障之
渊源
都是在复述我们身体的此处或他乡。它所抵达和造访处
又都是神出入的圣地，在这个初秋，我已在东吁落脚
各种商贾们在这座城占据了上好的风水，神在天上瞩目着
我在风口的旅馆里下榻，我在风声中等待一场
滂沱大雨的来临。我在这座城寻找年仅 38 岁的

戴安澜将军的身影。雨已来临，这是我预想中的大雨

我要在东吁之战中，默诵戴安澜将军的遗嘱

我要请求大雨奏乐，这份卓尔不凡的遗嘱上写道："如师
长战死

以副师长代之，副师长战死，以参谋长代之

参谋长战死，以某团团长代之。"

雨在窗外滂沱，我在这份将军的遗嘱中沉濡下去

仿佛这一生一世已获得了一部关于瑰丽的宝典

13

折磨我的依然是时间之谜，这神圣过往的时间只留下词曲
墨宝

只留下了嘘声无数。东吁之战的 1942 年 3 月 18 日

日空军飞机 40 多架，分 3 次轰炸东吁

美丽的大城在大火中已变成瓦砾。今日我们城市

同样因遍地的拆迁而时时展现出一堆堆瓦砾

每每我的目光从瓦砾中下沉，就能触到灰一样的天空

在天空下，是压在箱子里的旧唱片发出沙哑的呻吟声

而在 60 多年前的东吁之战中的中国远征军的 200 师

面对着日军的 12 门重炮，面对着坦克、装甲车的进攻

我看到了中国远征军抛出的一束束手榴弹

这已经是上好的武器。由于英方的拖延，由于道路的缓慢

由于战乱，中国远征军的武器、弹药、粮草一直滞留于后

这些缓慢，将使中国远征军的攻克一次次受挫

这是攻克之路，在后来苍茫的高黎贡山

我看到了中国远征军的仰攻之路。而在缅北我看到了

悲壮的攻克之路。其攻克的姿态注定了将赴生与死之路

其攻克中的身体，中国远征军将士们的身体

就是拦住日军炮火子弹的屏障。在这幅图像中

我来到了东吁的疆场，正是在这里，一些人倒下了

一些人站立着再往前攻克。这里是东吁的鄂克春村

我见到了 38 岁的戴安澜将军，我读到了将军立下的遗嘱

14

从遗嘱之下可以再现穿过黑夜而来的子弹，那些毫不留情的
子弹它们可以射进颅内、心脏，从而要人的命
从遗嘱之下可以再现像马蜂样疯狂飞翔的弹片
那些穿过芒果树、波罗蜜的热带
那些让生命植茎毁灭的弹片；从遗嘱之下可以再现戴安澜将军
置身于东吁城战事中的时刻，一个将军将自己在忘我中
交给战争的一个时辰。生命是什么？我沿东吁城
来到了戴安澜将军率先立下遗嘱的地方，银色的月轮
仿佛像一把大提琴，仿佛让我仔细地体验生
也在感悟着死。那一夜，我似乎已逢着了草木的再生
自然也就逢着了将军的生，那是他 38 岁的年华
只见戴安澜将军亲临阵地，那如此美好的年华啊
我看见了他的手枪在密集的弹雨中射出了一颗又一颗子弹
我看见了他四周的战壕、机枪、手榴弹，狂风暴雨地
发射在敌人的心脏。那一夜，夜色沉寂下的东吁城外
有贩卖水果烟土日用品的小贩们的车辆经过了我身边

那一夜，我看见一片昔日的战壕之上已是东吁的农贸市场

那一夜，我看见有最后一只战壕裸露在原野之外

那裸露，从里到外都是倾诉和缄默。我来到了它身边

仿佛它就是一座青铜，尽管它的身心长满了漫天飞舞
的野草

我还是能通过它，寻找到戴安澜将军立遗嘱之地

立下遗嘱之后的戴安澜将军以纵横驰骋的姿态抵御着日军

15

尽管如此，东吁必失守，这是中国远征军的失利

因为英缅军一直让军心涣散于战争之外，在之前

他们就已不断地撤离，偏离了战争的核心区域

因为 200 师自开战以来，从未获得飞机的支援。飞机
到哪里去了

飞机到了云层上的哪里去了？当日军使用飞机时

为什么没有飞机？由于日军先后攻克了仰光、勃生

东吁的空军基地，英国人的飞机消亡，而陈纳德将军的航空队

也同样撤至滇缅边境。所以，在 200 师作战的东吁城

也完全没有空中飞机的支援。这就是 20 世纪中叶的战争

这就是拼刺刀、洒热血的战争。200 师要抵御日军

第 55 师团、56 师团外，还面临着第 33 师团由西向东的威逼

这是三面受困的险境。我每每与三角形相遇

就知这里有一个言之不尽的危境，在所有的角度中

只有三角形给予我这样的感受。所以，在此危境中我终于理解了

戴安澜将军立下遗嘱的悲壮，何谓遗嘱，它是将生命已交给

死亡的签证。在这里，遗嘱之下，是戴安澜将军为首的 200 师的

抵御。这是怎样的抵御啊，已艰苦作战 12 天，补给断绝

我一直在幻想，中国远军征作战 12 天的日子，他们在吃什么

在喝什么？这是一个折磨人的问题。尤其是在 21 世纪的今天

当所有人在抵制高血压、高血脂、高蛋白的全球健身运动中

我却在想象 200 师在吃什么喝什么？这个巨大的问题

让我感受到了饥饿之痛，有三天三夜，我一直梦见饥饿

的战争

16

在关于高黎贡山的云层战争中，当日军剖开了中国远征军的

身体时发现了胃中唯一未消化的食物，就是几根野草

这个传说让我可以充分领略中国远征军的饥饿

由于 200 师面临着饥饿面临着被聚歼的危险

第 5 军军长杜聿明不顾史迪威的坚决反对，命令第 200 师

放弃东吁。于是，200 师的突围开始了

我们知道突围是什么吗？这是戴安澜将军的 200 师的突围

在那个风吹东吁城的夜，200 师已向东吁以东突围

200师已渡过了锡唐河，河水中映现出将士们的脸，之后转瞬即逝。世界所有的美景和残局都以转瞬即逝而开始或结束

我在这个八月末获悉的新旧之间的逸闻也将转瞬即逝

包括我爱上的人或爱上我的人之踪影也将转瞬即逝

只有在转瞬即逝中，光明之美可以获得永恒的庇护

之后，是突围出东吁城的200师的命运，是日军获得的一座空城

突围中的200师，没有将一个中国远征军伤兵留在东吁

突围过去后，等待200师的又是什么？清晨又临，我窗外是东吁城的一条街道的叫卖声，在晨曦后的一家古收藏店我又看到了中国远征军的钢盔帽，店主笑眯眯地用缅语诠释着这顶钢盔帽的故事。啊，追忆，绵绵心灵间的丝绸所有讲故事者都拥有追忆者的情怀，我触抚着钢盔帽上的铁锈

顿然间埋下头，嗅到了一个中国远征军战士的汗渍味

17

此刻，我仍然在使用我自己的舌头，它是品尝生活的第一现场

是豁口，也是隐藏秘密和忧愁的发源地，正是它的在场

让我拥有了沉默和话语的权利。如今，我想陈述境外的热

还想在芭蕉叶片的掩饰下痛泣一场。又到了暮鼓晨钟的时刻

这篇逸闻将我带到了何处的钟声之下？又到了祈祷的时辰

我是否还在庙宇的圣殿祈香，让万个心结归于一结，让万种祈愿

归为一愿；又到了独自寻访缅北的一日，当怒江边岸的万朵木棉

盛放凋零以后，我心头的思绪，我肉身中的灵欲，是否已抵达

真正的虚怀若谷？在热带，漫天绿色藤架铺天盖地，你难以

确信在这片土地上，曾经死去了那么多人，你并不知晓

有哪一条路可以通向遗迹？其实所有的地方都深藏遗

迹之谜

因为所有的地方并不是同一个地方，它们割裂开来

有的地方是峡谷，峡谷之上就有悬崖有恐惧和扑面而来的

巨鹰

有的地方是江河，就一定会有惊涛骇浪以及在波浪中逆行

的人

有的地方是平川，就潜藏着梦游者们的腹部就一定会让平

川有浪

在我的舌头抵达之地，必有我爱上的人出现，这对于我

是遭遇，对于诗歌是抒情和隐喻。而此刻，没有人知道我

为什么要沿中国远征军出缅之路寻找遗迹。而我周身之外

到处都是遗迹，一只装满异果的篮子下就是前世的战场

一个热带妇女站在街市眺望时不知不觉已将前世的窗

口看见

一片热浪织物时已裸露出了前世的爱与恨

18

曼德勒以南阻击战中出现了日军第 55 和 10 师团的几个联队

他们向北猛扑而来。在战争中，参战者们都在效仿着猛兽们的

狂走，那些不分昼夜地狂走，只为了捕猎和杀戮。在战争中

跑得最快的人或跑得最慢的人，都有死的定数。60 多年前

世界还没有进入数字时代，记载战争死亡者的是满山遍野的

哀悯。我知道哀悯是地球宗教中最大的神曲，是这个疲惫的

星球上最原始而永恒的宗教。曼德勒以南阻击战中的日军

虽然拥有飞机、坦克和大炮的支援，仍然被中国远征军

第 22 师 66 团挫败。仍然以不足万人的兵力

抗击了拥有坦克 200 辆、大炮 200 门的日军 2 个师团

近 5 万人的兵力，以 18 天的激战，毙伤敌军 4500 人

当我默念着这些源自史料的记载，我所置身的时代
已进入了全球的数字化时代，在不费吹灰之力的情况下
你就会利用数字搜寻到一个春天在车祸中死去了多少人
你就会利用数字搜寻到一场矿难到底又死了多少人
你就会利用数字搜寻到一场泥石流到底又死去了多少人
你就会利用数字搜寻到一场疫情到底又死去了多少人
你就会利用数字搜寻到一场海啸到底又死去了多少人
你就会利用数字搜寻到一场地震到底又死去了多少人
你就会利用数字搜寻到一场暴雨中到底又死去了多少人
你就会利用数字搜寻到春夏秋冬中死于心碎的有多少人

19

中国远征军出缅记，已萦绕我心头太长的时间
它让我从一场场短暂的爱情中脱身。一旦我抽身而出
我会比女妖们跑得更快。而一旦我陷入时间上的轨迹

我就会像女妖情迷于山水，情迷于时间的中途

我是谁？我出现在夜空下时，当然只是一束黯淡的吟唱

我追索有光泽的物体，有音律的妙品，我暗淡的生活

是终曲也是开始。如今，我又遇见了仁安羌大捷的传说

传说，不是从金属或玻璃大厦中说出来的，每每我与传说相遇

都是在民间，那充满村舍、灌木、秋橘和溪涧的民间

我喜欢民间的龙潭水，只有喝到这里的水，舌头会沁入甜意

我喜欢民间的饶舌，那些从地气、井栏和牧场冉冉上升的语言

我喜欢民间的姿态，它们像蛇一样自由地蜷曲或纵横着

因而，在传说中我又来到了仁安羌，这里的内热散发出

沙漠的干燥。仁安羌有油田，新 38 师师长孙立人将军又出现了

他是仁安羌大捷的灵魂者。当我说到灵魂，灵域已被打开

在打开的窗扉或檐角之下，万千候鸟有可能在此地筑巢

抒情的歌吟者有可能会在此地聚首， 蹉跎不尽的细雨有可能

已渗透了我们的年华。就是在此境遇中，遇上心中爱慕的故人

是一件重大的事件。仁安羌大捷，中国远征军以不满 1000 人的

兵力，击败了 10 倍于中国远征军的日军，救出了 10 倍于中国远征军的英军。我在此停留，故人已远去，故人已远去

20

故人已远去，这是一番怎样的场景？在远逝的世界里我们只是缅怀和追寻者。故人已远去，他们像燕子一样身心轻盈

抵达的不再是人间的渊源。故人已远去，春夏秋冬的演变不再阻碍他们的飞行之旅，亦不再使他们的心绪弥漫着霜雪

故人已远去，我仍在迷恋纸上的虚构和想象，眼前的一场细雨

就会滋养我再生的土地。故人已远去，战乱的屏障，危机四伏的

狼烟，马蹄下的血色，纵横的将士已一去不复返。故人已远去

一场秋雨一场冬，漫卷下的驿路已模糊不堪，邮寄的纸笺已被

封口。故人已远去，"人生若只如初见"，我又在此邂逅了

心中爱慕者的一个春天。故人已远去，微澜溅湿后又退下

微澜已退出了我心中的堤岸。故人已远去，西去的鹤很多

不知道哪一只白鹤曾是我的密友。故人已远去，一年四季中

我最挚爱的是春秋的文字，不知道它们在何处漫游

故人已远去，明净的天宇，麦穗稻浪的天下是否仍保留了

你从前的乡音。故人已远去，今朝有酒今朝醉，哪一
只杯中
倒映着旧时的一轮圆月。故人已远去，我的足履间
有满天的灰尘、有偶然的爱意弥漫。故人已远去
知我者在哪里的窗下织物。故人已远去，哪一片秘笺之下
有我聚守的田园物语。故人已远去，无限的疆场
已不再是你豪情壮志下的世界。故人已远去，又到了细数
落花的
光景，我的心又开始绵长追远。故人已远去
昔日景，难以追，昔日之爱，难以再缠绵

21

尽管故人已远去，我辈仍在追索缅怀。此刻，仁安羌大捷
已拉下幕布，孙立人将军由于仁安羌援救英军卓越的战功
荣获"英帝国司令"勋章和美国的丰功勋章。在腾冲，云南
作家

潘灵曾跟我讲述将写的小说《勋章》的故事，那故事产生于细雨朦胧中的和顺乡。此刻，我又面对孙立人将军的勋章及忧患

尽管故人远去，我还是能将目光穿越在仁安羌大捷后的幕后

英军已开始大面积地撤离，他们已放弃缅甸向印度转移

这是一个让历史悲哀的现实。英军经历了一系列的磨难后

违背了中英的防御法则，这将使中国远征军陷入更深的危机

当今年的橘子重又出现在眼帘下，说明秋气已经越来越近地逼近了窗帘。秋色是用来呈现硕果的，也是用来标志成熟的

成熟是什么？我看到了中国远征军功勋章里的成熟

我也看到了忧伤。秋色给予我们的是芳菲也是质疑

永恒的矛盾推动着季节的轮回。我由此看到了中国远征军的铁血远征，泪眼再次模糊了今年的秋天。啊，秋天

我的窗外飞来的是什么样的落英？在落英下我们是否会感知飘零的滋味？在舌尖品尝滋味时灵魂是否会飞起来

飞，满世界的落英都在飞行，这就是秋天。此刻，亲爱的将士们

又到了哪里？如果生死之谜是一个问题，那么，我要会见

哪一位先知，才能诠释谜底。风，又荡开了中国远征军的
嘴唇
那被战火熏裂的嘴唇，那为一曲绝唱而歌吟的嘴唇

22

半夜秋雨后，世界露出了原初的面容

被秋雨润湿后的大半个缅甸，露出了它稀有矿石般的宁静

我来到了这里，只有一个目的，用我的足履验证

人类的又一种尺度，这是一种什么样的尺度啊

我一直在走，以走的方式在丈量，随同彬马拉会战的流产

杜聿明遂下令第 200 师先期向北撤，中国远征军

已越来越深地陷入困境，日军之前已再次占领了仁安羌

满山遍野的敌人不顾一切地反扑，试图彻底覆灭

中国远征军，而此刻，200 师向北撤

沿八莫、南坎间撤退……啊，撤退之路

已明确地显现出了中国远征军第一次远征的失败

失败，我们从出生后已经尝试够了太多太多的失败

几乎在每一种格局里都充斥着失败的滋味，只因为从火
中熔炼

青铜器物需要尺度，这是火给予我们的尺度。只因为在
水中泅渡

同样需要尺度，金木水火土给予了我们粮食、温度，
夜与昼

同时给予了我们疼痛的肉身，之后，再给予了我们飞翔的
灵魂

现在，到了我去面对中国远征军撤退之路的时刻

细雨如琴瑟，漫过出境之国的缅甸，漫过伊洛瓦底江

漫过了中国远征军的败北之路，漫过了人类的尺度之江河

23

撤退意味着什么？我回过头去，看到了一张张面孔

他们的脸，又让我再一次地想起了青铜器物的熔炼

简言之，战争就是一次熔炼青铜器的过程。其火淬之时速

必熔炼世间一切苦难之谜，成就一切罕见之圣器

在漆黑与明亮之间，我找到了撤退的路线

当我所看见的一张张面孔，从幕布上出现，就给了我

复述战争遗梦的勇气。他们疲惫而充满创伤的脸刚刚经历了

一只青铜器的历练，现在，又将回到炉火之中去

回到战争的万劫之路，回到那一条条众说纷纭的撤退路

这里是东路远征军的撤退之路，在仁安羌

被解救的英缅军第 1 师第七装甲旅 7000 人

在解救后，已不再与中国远征军合作抗日开始向印度溃逃

这溃逃，必使日军蜂拥而来。日军迅速从西北来到了

曼德勒—平满纳一线对中国远征军开始包围……之后

是中国远征军 55 师和 49 师的溃败

在萨尔温江之岸，是中国远征军的撤退。之后的

1942 年 4 月 20 日后，日军开始将全部主力攻占腊戌

腊戌在地理中，是中国远征军进退的基地

因而，在此地屯集着大量的军需物资，而此刻的 27 日

通往腊戌的森林、灌木丛、公路和小路上已被日军的军队
覆盖

在史迪威和罗卓英的布置之下，中国远征军主力在曼德勒
已撤退

24

腊戌必失守，它失守于人心歼灭，失守于只有 28 师一部分
中国远征军的守候。腊戌必失守，它失守于战争的恶，失
守于

攻克和后退的茫茫无际。腊戌必失守，它失守于难以掌
控于

手心又难以脱离开去的人间的白与黑。腊戌必失守，它失

守于阴霾

失守于幽灵之家的绵延。腊戌必失守，它失守于盲目和

执拗

失守于我们纠结不清的制度。腊戌必失守，它失守于湍急

之澜

失守于反复无常的信念。腊戌必失守，它失守于哲学，失

守于

黑暗与光明的交战和拥抱。腊戌必失守，它失守于沦陷

失守于等待和观望者的体系。腊戌必失守，它失守于眩晕

失守于

轮盘之上的快与慢。腊戌必失守，它失守于荣辱，失守于

镜子的圆面和破碎的光阴。腊戌必失守，它失守于践踏和

侵略

失守于无耻者的宣言。腊戌必失守，它失守于背叛和良知

失守于阴谋家的乐园。腊戌必失守，它失守于忠诚，失

守于

伟大的惊叹号。腊戌必失守，它失守于军师参谋，失守于

卜占的魔圈失效。腊戌必失守，它失守于世界的花园和它

的美学

失守于人类梦游时遇上的魔鬼。腊戍必失守，它失守于饶舌

失守于言说之罪。腊戍必失守，它失守于军令和戒律

失守于等级和身份的界线。腊戍必失守，它失守于约定

失守于悲壮的生死之笺。腊戍必失守，它失守于激流暗礁

失守于英勇的传说。腊戍必失守，它失守于战史

失守于弹药、战机、坦克的发明者，失守于人类的历史

25

啊，又遇到了秋雨，我一生热爱的细雨。忧郁伤骨，伤及

我活在世间的形体。唯有思想能穿过沙漠，尽管沙漠中只剩下了

虚无，尽管天下人无人需要这般虚无，我还是要用探索之触

梦到你。翻过这一座山脉，就能进入你们撤退的领地

就能与你们的磨难相遇，我睁开了双眼，抖落睫毛上的雾露

抖落了内心经历的霜雪。只需漫长的一夜，我又重追上了你们的

踪影，之后，等待我的将是什么？我已看见了滇缅公路

这是一条用身体铺就的公路，路之源头，满载着身体的哀歌

满载着笨重的石碾滚过的血迹，满载着忧愤和死亡。而今天

滇缅公路上一片混乱，中国远征军的车辆、器材和伤残病员们

已开始大撤离，啊，撤离。在混乱的脚步声中，你已无法审度

战乱的尺度，你已无法像圣人那般将目光投向清澈的蓝天

你已无法申诉或像孩子般无助地哭泣。你就是你，你就是

这撤离中的你，溃败中的你自己。无论你失去了手臂和大腿

还是伤及了颅内和心肺，你只要有一口气，仍然需要撤离

还有大批缅甸华侨难民们已在撤离，这是一条逃亡之路

啊，逃之路，像这秋雨中的虚无，从远处沙漠中涌来的
虚无

如此的境遇，是我一生中遇上的悲伤。之后，5月3日
日军

56师侵入中国境内，攻占畹町。8日，再攻占密支那
彻底截断了中国远征军由缅北回国的道路。随同腊戍、
密支那

失守，中英联军在缅甸作战全局失利，日军进逼中国滇西

26

中国远征军的大撤离就在眼前：26日，在曼德勒以南的
中国远征军开始撤退，由第5军新22师实施掩护
5月1日，中国远征军第5军第96师撤出曼德勒
再经缅北的孟关折向东，经葡萄、片马、泸水再退回
国内……

撤离是什么？当然是朝后转动，就像黑麋鹿遇上了

人类的狩猎，所以它们必须朝着自己的老家，原始森林

奔逃

就像雀鸟在飞行中遇上了空中射击手，所以它们必须直奔

更高远的天空，哪怕受创也要飞翔。就像爱情遇上了分离

之路

所以，掉转头离去是必然的。就像我在此刻，遇上了秋雨

遇上了开窗以后，满地的落花，遇上了无法抵御的秋瑟

所以，我必须让自己学会凋零。在中国远征军撤离之路上

我又遇到了死亡，那是96师副师长胡义宾、团长凌则民

在缅北转战中的阵亡。我紧跟上第5军军长杜聿明的军队

又一次来到了缅北，现在，我将直抵著名的野人山

杜聿明所率部队直想尽快地摆脱日军的追击，第5军向北

绕道

这不是一场幼儿园游戏的绕道，而是一场生死魔圈

这里是缅北的孟拱，一座茫无边际的热带雨林出现在眼前

它最先出现在杜聿明军长面前，他心已疲惫，只想尽快地

撤退到雨林深处去，他似乎已经看见了避难之地

透过那些油绿色的冠顶。不分昼夜的战争阻击和重创

使他开始选择了深入蛮荒的时刻，于是，野人山出现在眼前

27

孟拱以北就是连绵数百公里的亚热带丛林，因为出现了中国远征军的传说，所以，简称为野人山。那一时刻
当杜聿明率部面对这片丛林时，就选择了直奔这避难之所的
理由，因为当空中飞来的追杀口令遇到了这人迹渺茫的蛮荒
必在空中失去杀机。因为当滚滚呼啸而来的硝烟弹片遇上了
这片巨大的屏障，必被它湮灭和挡住。就这样
杜聿明军长率部面对这浩荡的原始森林，抛下了沉重的车轭

抛下身体上的辎重，我不知道，是谁第一个走进了野人山
我猜不出到底是谁第一个闯进了野人山？那个人开辟出了
通往野人山的第一条道路，之后，是中国远征军进入了野
人山
野人山以密织的动植物的羽毛织出了眼前铺天盖地的冠顶
那冠顶有多高，有多深邃？这是我探究不息的问题之一
野人山以湍急的经纬度海拔保持着与人类生活的距离
这距离有多远，有多迷离？这是我探究不息的问题之二
野人山以变幻莫测的诡谲捍卫着地球上最大的玄学体系
这玄学有多奇异，有多惊悚？这是我探究不息的问题之三
朝我奔来的野人山，在缅北。之前，我曾在腾冲明光乡
一个暮色凝重的时刻，看到了山那边的野人山
之后，我就来到了缅北。啊，缅北，一个漫长的地带
一个异域之帮，一个未了的符号学，一个让中国远征军
遭遇到磨难的异乡。我来到了缅北，来到了野人山的水深
火热中

28

巨蟒、异兽们出入的野人山，突然涌进了那么多人

他们携带着军号、钢盔、大刀、帽徽领章胸章、汉阳造的刺刀

驳壳枪等。他们是一支中国军队。起初是雾来了，雾雨中屏障

根本就看不到天与地的连接线，追杀的敌人终于消失了

他们在雾中前行，这是缅北著名的热带山丘丛林

它因中国远征军的到来而名世。因为它的深处有比日军的追杀

更残酷的现实。杜聿明率部继续往雾雨深处走

带着突围之后的兴奋，但越往深处走，才发现根本就没有尽头

从玄学上讲，也许根本就没有人说得清野人山到底

有多深

从数字上讲，也许根本就没有人说得清野人山有多少种
蚊虫

从物种上讲，也许根本就没有人说得清野人山有多少种
动物异兽

从疫情上讲，也许根本就没有人说得清野人山有多少种
疫病

从恐怖上讲，也许根本就没有人说得清野人山有多少种
惊悚事件

从撤离之路抵达野人山的中国远征军，首次遇上的是玄学
中的

野人山的无边无际，当你满以为已快到边缘时，却遇上了
更大的屏障

这玄学让人目眩晕，力疲惫；　之后遇上的是野人山的物种

那些出入原始森林的巨蟒异兽们，以群体或家族式的繁衍

已在此地盘踞出了它们的王国，这物种让人生畏，让子弹
虚弱

之后，是疫情在荒无人烟中的传播力，它让沿途的人
马倒下

让人口吐白沫丧生； 之后，是恐怖的穿透力、死亡临前的
咒语
带给你的是生不如死的念想，是穿越不透的窒息

29

要人命的缅北的雨季已提早到来，来到了野人山
被数不清的热带雨林玄学、物种、疫情、恐怖所挟持的
中国远征军只带着三天的粮食，在补给断绝后饥饿来临
这是漫长的饥饿，因为中国远征军在野人山走了近三
个月
饥饿于中国远征军，是怎样的现实，许多人走着走着倒
下了
因为胃里再没有一点蠕动的食物，于是，胃囊迅速萎缩
之后，两眼发呆，供氧结束，血液不再畅流，这就是饥
饿之死

再就是因沉疴而死，当中国远征军染上疫情又是怎样的现实

空气中到处是动植物和人死亡而腐烂的臭味，这加速了疫情的

传播力。人每每染体，血液会变黑，眼睛会失明，身体会瘫痪

死神们便乘虚而来。还有寒气弥漫，许多将士在这寒气中遇上了死神的手再也无法脱身而出。还有因雨季而暴发的电闪雷鸣。整个野人山只要一失去太阳光照，就像地狱之色

使视觉如此的灰暗。杜聿明军长同样染上了疫情

他在疫情通体时不断地让电台寻找向外联络的信号

他们依赖居住山林中的土著，也称野人，寻找着路线

终于，在最绝望之时刻，电台已向外界发出了求救指令

空援飞机从高空向中国远征军投下了一个星期的粮食和地图

中国远征军从 5 月 10 日到 7 月 25 日，在野人山穿巡了

地狱般的大撤退后，终于抵达了印度阿萨姆邦的雷多

终于结束了让后人无法细诉的苦难抵达了目的地

30

野人山，每个进入野人山的中国远征军都被蚂蟥们

吮吸过血肉之躯，因为五月之雨季，是蚂蟥们在密林深处

猖獗挡道的时刻。再就是蚁群，很多士兵被饥饿折磨而昏倒时

往往是蚁群蜂拥而上的时刻，它们用强劲的吞噬术瓜分

了肉身

只留下成堆的白骨……野人山，是我诗篇中最忧伤的

也是令我最虚弱的章节。1942年8月，最后一名中国远

征军

终于走出黑色的布满死魂灵的丛林，抵达了印度的雷多

据资料载，中国10.4万名远征军，战后不到4万人幸存

其中，有1万人死于战场，此外5万人都消亡于野人山

丛林

噢，野人山的丛林在哪里？在里面，活下来的中国

远征军

以万劫之后的再生，重又让嘴唇喝到了野人山外的泉水

而此刻，我的殇歌、我的嗓带都已沙哑，缅北野人山

给中国远征军带来了太多的悲劫和苦难，不久以后

我再次看到了中国远征军的第二次远征，那些漫长的

热带雨林蜕变成了日军的墓陵，这就是历史。我辗转处

也是最后一名中国士兵走出野人山的丛林口，我站在

出口处，仿佛感知到了那名士兵咬破双唇后迎接的曙色

尽管漫长的煎熬，让他的身心只剩下了骨架

我仍看见了他的生，那命若弦弓的生之后

是奔向另一个异域的印度雷多的聚集号，是众生的拥抱

今天的我，是多么想站在野人山的出口拥抱到这个战士

31

撤退之中的 200 师，又让我遇见了戴安澜将军，我的诗歌

将面临将军的阵亡。这是 200 师在缅北郎科地区

通过西保到摩合公路时遭遇到了潜伏于此地日军的攻击

时间是 5 月 18 日，这是被缅奸告密之后的一次残酷的圈击战

在彻夜的交战中，出现了一张张阵亡书，出现了黑夜的永诀

师参谋主任董干阵亡，599 团团长柳树人阵亡

599 团副团长刘杰阵亡，600 团团长刘吉汉阵亡

还有 599 团和 600 团的半数以上的战士阵亡

亲爱的戴安澜将军被流弹射伤，这是在雨季中的大撤退

戴安澜将军躺在担架上，伤口在恶化

在雨季的潮湿和炎热中不断恶化。噢，没有一片消炎药

没有外科医生没有粮食没有医院，伤口越来越恶化

之后，是高烧，伤口在恶化中进一步溃烂后必是高烧

尽管如此，活下来的中国远征军仍扛着担架在心急如焚中撤退

5 月 26 日，200 师已撤退到缅北茅邦村，我看到了离国境线

很近的山脉，山那边就是祖国。而此刻，没有一丝风

只有令人悲伤的窒息，年仅 38 岁的戴安澜将军躺在担架上

突然间失去了血脉的跳动，突然间就终止了他生命的绝唱

我在这个秋天满眸的泪花中，细数着将军 38 岁的年华

我要细数尽我们亲爱的将军最热爱的春华秋实间的

瑰丽之梦

然而，世上到底有哪一座瑰丽的乐园已将我们的将军轮回

于人间天上

我又看到了新 38 师的撤退，在仁安羌大捷后，新 38 师

出现在了伊洛瓦底江两岸，掩护着英军和第 5 军主力

的撤退

5 月 2 日，38 师仍在沿曼德勒至密支那的铁路北上

继续掩护英军和第 5 军在撤退。5 月 8 日，中国远征军

开始进一步的全线撤退，38 师肩负着整个西路军的后卫

5 月 10 日，38 师在温佐经历了一昼夜血战后歼敌 400 人

5 月 13 日，38 师被日军 2 个师包围后开始沿羊肠小

路撤退……

新 38 师终于在进入了苍茫辽远的巴豆开山脉后

摆脱了身后的追杀者。5 月 27 日，师主力已到达了

印度边境的普拉村。 6 月 8 日，新 38 师撤退到了印度英

帕尔

我又读到了美国总统罗斯福给孙立人将军的授勋辞：

"中国陆军

新编第 38 师师长孙立人将军于 1942 年缅甸战役中

在艰辛环境中，建立辉煌功绩……" 新 38 师以 7000 人的

中国远征军抵达了印度，保持了最为完整的形象

我又见到了孙立人将军，在抵达英帕尔之后，我看见了

他戎装上的传说，正是那传说将我带往了缅北

现在，中国远征军的大撤离已结束。而秋天刚开始

英雄之殇荡开了我泪眼中的一幅幅出征之图，幕布已拉上

漫天飞舞的落英下，是二十一世纪的空心人和金属的对抗

啊，传说之殇，亦是我歌吟中最深的痛

中国远征军出入生死之谜的痛，是我诗歌中不眠之夜的黑暗和痛

而此刻，在秋雨中我将撤离缅北，这是一个人的撤离

我上了火车、汽车，我上了飞机，我下了飞机

我回到了亲爱的祖国，我撤回了它温热的腹部

我看到了怒江两岸的村庄，木棉树下的天堂

热烈的木棉树上我看到了最硕大而最红的那一朵花

古滇国书

1. 史前之黑，古滇王前额上的黑暗之黑

星空，它是皎洁的，也是蓝色的，祖母蓝似的

星空之蓝铺天盖地而下。那一夜，是春天之夜

无数春枝摇曳下，是战乱的脚步声

是沿群山绵延而来的逃亡，是禁不住的奔逃

那一夜，我看见了一个将军，他的脸在夜色中越发乌黑

看不见前额，只见漆黑之树枝已漫过了他额际，整个的黑

是我此生未曾见过的黑。透过树枝之空隙，斑驳之黑

莅临于我的掌心，用这掌心的纹理，再伸展我的指头

那些明月下的黑暗，古滇王披风中缱绻的黑暗

已翻过千山的水迷离，万山的风呼啸而来

一线光亮和一盏星灯，是三千多年前唯一的光束

跟随这光束而上，我就会与溯源结盟友

这是千万朵花凋零，再转世回生的溯源

满山遍野的野百花自然地绽放着，花，前世的花

转世的花，就像前世的水，转世的水

花韵和流速依然固往。今天，我屏住了呼吸

仿佛穿过了古滇国的史前序幕，满山遍野的黑

前世的黑，转世的黑都一样惊心和迷茫

聚在心底，像最黑的一只黑麋鹿的眼神

黑，光芒源于黑、月亮源于黑的腹地。出世的诗篇源于黑

我的心源于黑，灿烂的冠顶源于黑。你的墨汁源于前世之黑

象牙似的牙齿之白源于黑，小人和君子的故事源于黑

爱慕和相思之苦源于黑。就这样，我的溯往源于黑

伟大的孤寂源于黑，战败和奔逃的军队源于黑

古滇王前额上的黑，奔逃之黑从春天的长夜深处

漫过了那一年，我的醉生或梦死之后，从暗夜中转世发芽

芽胚像弯月那样婉转地绕着滇池，仿佛绕着巨大的轮回

2.轮回夜，我回到了公元前三世纪初破晓之黎明

轮回夜，我在哪里的笙歌下做奴？这是一个生死循环的谜题

只见那破晓之黎明的我，身体外系着草裙，那一天我闯过了

数之不尽的险滩，我跟上了一支队伍，漆黑的战鼓绷紧

这只用虎皮制作的战鼓上，映现出了一位将军的面孔

我屏住了呼吸，这战栗之气息在飘动，随同早露的游丝在飘动

这是一年中的早晨，万物复苏的初始，轮回夜

我是前世的奴，我也是披着金色皮毛的野狐

就在这春晓破开我四眸时，逢着那只虎皮鼓上的一张脸

我看到了喜乐于我，就像远天青黛色的乐音

就这样，我看见那一支队伍乘木筏过险川再逾高山

此时此刻，一阵野橄榄味从我的七窍五脏直抵柔软之舌尖

直抵那黎明帐雾之外的公元三世纪初的虎皮战鼓之呼啸

呼啸声下，是一支漆黑的队伍进入了一面明净的湖泊之岸

滇池，以公元前三世纪初的寂寥，那孩子般投身于母腹的恬静

是那样安详。湖岸之上泊满了像拇指一样大的像小指头小的螺蛳

湖岸上泊满了野鸭的巢穴，那些灰蓝色的羽毛随风飘散

3．名为庄蹻的将军来到了滇池边岸

他脚穿行走了千万里的木屐而上，那里面穿越过他奔走的
速度

这速度没有计时器，没有金属的环链铭刻，没有指南指北
的磁针

他身披一件漆黑的战袍，这四散的斗篷曾将乱云飞渡
的年华

紧揽于细密的亚麻布的沉浮，此刻，它的散开已朝向风中
旋律

他的胸前有一面正方形的盔甲，那是抵挡战乱的一块石壁

如今这盔甲使他透不过气来，因为追杀的敌人已被他
所摆脱

他的目光显然疲惫而喜悦，他逢着水鸟们飞行的翅膀而下

他喜逢着眼前，那看不到尽头的水潋滟而下再继续而下

他的身体正值人生最强壮的时刻，他抽出身体中的剑

那是一把伴随他生死未冥的剑，剑锋上还凝固着敌人
的血色

他此刻开始尝试着用剑挑开了水浪，之后，他命令

所有将士脱衣沐浴。噢，这场史前的沐浴啊

我该怎样去描述它的潮起潮落？只见将士们开始脱衣

水岸上堆满了盔甲、箭镞、汗淋淋的衣物

水岸上堆满了用各种兽皮制作的皮箱和风干的兽物遗骸

只见庄蹻第一个赤裸着已从水岸走向了滇池

我显然是前世第一个属于庄蹻的奴也将是他第一个女人

只因为我是前世的一只野狐，我那忽儿是褐色忽儿是金

色的皮毛

充满了前世的诱惑，必将使一代古滇王回头与我相遇

此刻，我恰好已追随到滇池之岸的西山

以我蜷曲在西山顶上的形姿，我的目光已眺望到了

一场史前史的逸闻开始于将军庄蹻扑向滇池的时刻

4. 古滇王在滇池的第一场裸身沐浴

今天，我的诗歌行句间涌满了公元前三世纪的水草
古老的土著滇池鱼循环了无数世间后顺应历史的规矩
已不再像地球人展现魔法。而当我回到那日月垂照的史前史
就忍不住那种心慌意乱的，以一个奴和野狐的双重身份
站在滇池的最高岸观看古滇王庄蹻的第一场裸身沐浴
只见一个男人将褐色的盔甲从上半身褪下来
那是一件最沉重的盔甲，它随同古滇王右手的抛掷力
落了下去，我看见四周的皓沙被弹了起来
一群群午睡在沙穴中的螺蛳在异样的弹力中睁开了双眼
它们将头探出螺穴，探视着这水岸上陌生的外来者
只见一个高大的王，裸露着胸膛、双膝、强劲的生殖器
他将高大赤裸的上半身和下半身的暗影投射在了沙岸上
这是辽阔古滇池史前最壮观的一幕，之前，从没有人
敢于裸露着全部的肉身，以此面对浩瀚的滇池
古滇王裸露的脊背上突然出现了令我激动不已的暗纹
刹那间，我穿过了西山的灌木丛，穿过了一尾尾眼镜蛇的追踪

穿过了浮云上下的距离，我以奴和野狐的双重速度

终于跑过了阻隔这个千山万水的距离，终于跑过了公元三世纪前

这光阴的开篇。终于用我同样赤裸的脚趾头丈量出了

滇池离我到底有多远？噢，滇池离我到底有多远

我满身的节奏是那样明快，当我以奴的速度来奔跑时

世界于我就是以这旷野下水波的撞击声，组合了音律的铿锵

于是，我两眸间荡来了野花，它们像我一样快活无忧

而当我以一只野狐在西山脚下奔跑时，我的四肢间的金色或褐色

游荡着我奔跑过了史前的乌云，奔跑过了史前的云海

而此刻，当我以奴和野狐的双重特性踏着水浪直奔古滇池岸时

正是古滇王从水浪中上岸的时刻，这是一个历史性的时刻

只见古滇王头顶着晶莹的水波上岸，水浪在他身体中

咆哮着。只见古滇王已经从万顷的波涛中走上岸来

就这样，当他以目光巡视着岸上的旷野和远方的山峦曲线时

他看见了我。刹那间，古滇王顿然间走向我

目光似乎在询问我，你是从哪里来的？又要到哪里去

5. 我们从哪里来？到哪里去

我们从哪里来？到哪里去

这个属于地球人永远的追问

也同时在公元前三世纪前的滇池畔发出了迷离的追问

这时候，我作为奴也作为一个女人

已被第一代古滇王揽于怀抱。那是一个明月疏朗的时刻

正值一轮皎洁沐过我身心的时刻，我仰头在数天上的星辰时

他经过了我身边，他靠近我，嗅了嗅说，好香啊

我知道这是我头顶皎月和花冠的香味，这是一片野花香味

这是我用来取悦滇王的香味，香，百花明丽中的香

这时候，他揽紧了我的腰，手在我身体中移动前行

就这样，滇王之手，沿着我锁骨以下的身体朝前探索着

那一夜，在一轮皎月之下，滇王之手沿着我身体曲线外

触摸到了起伏不定的川陆，上面有飞禽走兽的踪迹

当滇王的手沿着我身体外明或暗的光束移动时

他朝着皓月深处的我俯下身来，并摊开了四肢覆盖住了我

仿佛覆盖住了蓝色水母藻草间那些水的纠葛和缠绕之命

仿佛覆盖住了那些水鸟和螺蛳的巢房和沙岸上无垠的天边尽头

而在我们头顶上空则是巨大的星群和数之不尽的翩跹

这一夜之后，我就成为滇王的奴和永恒的女人

6. 筑居的伊始，跟随一群水鸟迁飞的图案

跟随一群水鸟迁飞的图案，我们开始从滇池岸迁移

这是从波浪中慢慢破开的一片又一片蔚蓝的距离

我们荡着一长方形的，像弯月般的一叶木舟

这是我沉濡其中的紫檀方舟，之前一夜，我和滇王

就栖居于其中，那些史前的紫檀香味随夜风

一阵阵地沁入了我们的肉体。而灵息从哪里开始飘荡

我们就会从哪里开始漫游。那是一个多么明亮的黎明啊

一群水鸟来了，盘桓在我们头顶中央

用白色的翅膀拍击出一幅圆形环绕的图案

滇王睁开了被黑夜冥合的双眼，那是我从未见过的惊喜

水鸟们欢鸣着跳到了滇王的两肩上，这是史前最悦耳的声音

也是史前最神性的启示，之后，水鸟们组成一方队

开始牵引着滇王的目光。这是史前最伟大的一个黎明

在滇王的带领下，我们的紫檀方舟出发了

黎明，意味着我站在紫檀方舟的前端，随同滇王的目光

开始送走了一个漫长黑夜之后的远行。黎明，意味着

我站在滇王身边，目光尾随他去云游空中飞行水鸟的图案

那一群鸟儿正在青黛色的一束束玄光弥漫中远行

筑居的伊始，我们跟随着一群水鸟的图案终于上了岸

这是滇池的右岸还是左岸？当我的手臂垂直而下时

我捧住了朝向右岸和左岸的那些深褐色的泥土

7. 滇王的筑居之梦在长夜中脱颖而出

筑居，依傍古滇池的浪层之外的绵绵丘陵

我的王，那个时代唯一的王，已看到了睡梦中的第一层楼

那是干栏式的造物记，从第一层开始筑梦

大凡梦，都是由浅蓝色到深蓝色的逐次递嬗

犹如血液由足尖面过渡到手再进入像植物王国一样的颅内

那一天，天气诡异，我的王站在水岩边迎风而立

昨夜，我替我们的王文身，我从祭司那里学会了文身术

学会了在半夜，使用手指上的血液按摩王的脊梁骨

我替我们的王，在胸膛上文上了初升的太阳

我替我们的王，在后背上文上了银河里的满月

现在，我们的王已经开始带领我们筑居。我站在王的身边

感觉到他的呼吸终于摆脱了那场战乱的追杀

这呼吸像波浪皈依于岸，皈依于稳定的太阳的定律

皈依于山冈上已经用檀香和楠木筑起的柱子

皈依于第一层楼下已经从暮色中归厩的牲畜们的欢悦

皈依于第二层楼上用粟米所堆集的一座仓储地上一层层的
金色

皈依于第三层楼上那与天空接壤的我们的寝宫和秘房
皈依于那灶膛前的松木香火中绵延出的黎明

8. 古老前夜的滇国人的城堡和水源

筑居之堡开始升起在古滇池岸上，那一年秋天
滇王带领着整个族系大规模地筑屋
细密的水渠如麦秸般纤巧，心魔就在水中跃动
水引来了迁徙到此的先民，水引来了百鸟的翅膀
水引来了簇拥着滇王的一批又一批奴隶，水引来了仙女
水引来了城堡中的第一代舞女。水引来了谷物学、词典
水引来了治愈沉疴的神医，水引来了月色之下的男女媾合
水引来了神奇繁殖力的源泉，水引来了甘甜的眼泪
水引来了净身的圣泉，水引来了祭祀和庆典的时间
作为滇王的女人，我看见细密的水沁入了那个午夜
滇王在黑夜中已沉入城堡最深沉的睡眠，我躺在他一侧

不眠夜，我倾听他的呼吸之声，我尾随这呼吸之翼

仿佛穿越着千道干栏万道干栏筑起的梦的轮回

而当我作为一只秘密中陪伴这个王国存在的野狐时

我以跳跃和蜷曲于四野间的踪迹，跟上了滇王的梦乡

哦，在很多的时间里，我就在黑色袍衣的多层皱褶里

像曲乐音与春夏秋冬的气息存在着。有时候，我的目光

终于被他视为天底下最智慧的一束光泽，足可以替他去施魔咒

或者替他去穿透雾水弥漫的一幕。啊，天下是如此之静

我陪同着滇王在森林中狩猎，那些刺破天际的弓弩下

是滇王屏住呼吸的猎趣之乐。我的足迹隐隐地感知到了

树欲静而风不止的规律。夜晚，当所有人安眠时，我陪同滇王

栖居在山冈上望月。他的手伸过来，滑过我身上的皮毛

永恒之水在脚下流动着，仿佛一只暗盒打开又合上

滇王的手滑过了我身上那一层层的皮毛，滑过了

郁积在他眼底的黑暗，滑过了那一夜他不眠的秘密

之后，世界打开，向着伟大青铜的熔炼之夜打开

我在滇王的眼睛里预测到了一场熔炼的魔法将揭开序幕

9. 古滇国青铜器魔法之前夜如是说

古滇国为什么创造了青铜器，这显然是一个魔法的问题
魔法是看不见的，它依据于潜藏游动，或幻生幻灭
但自始至终地融入了时间。毋庸置疑，时间是最大的魔法
之后，时间经过的地方衍生了生灵们的魔法。在古滇池畔
一条蛇的魔法，是与柔软无骨的纤细身姿，出入于灌
木草丛
出入于被它所发明的缠绕这个语词之中。一只孔雀站在
古滇池岸上，它引来了孔雀开屏的斑斓魔法，它引来了
仰慕的喜悦。一只狐狸，盘踞于高高的水陆之岸，在前世
我就是那只狐狸，我的存在是制约时间于我于滇王之手的
魔法，通过我诡秘地出行，魔法拥有了无尽屏障
鸥鹭在湖的上空飞行，鱼在水中潜游，蜂在周游古国中
觅野花之香，除此之外，鹿、羊、狼、豺狗、猴、穿山甲
猫、马、牛、水獭、雉、飞鸟等，在它们的咫尺之间创造了
爬行的、奔跑的、飞行的魔法。噢，是谁发明了青铜器之
前夜的魔咒？这个问题像刀刃下的血，正是这血色的黄昏

使孤寂的古滇王透过手上漫出的鲜血，看见了落日下的火

火将引来前世的熔炼，火将引来虎的奔腾纵横

火将引来一虎、一牛和一枭鸟，火将引来孔雀、虎豹熊

这是一场怎样的幻境啊，在最黑的斗篷的下面

我用头颈和身体中最柔软之舌，沁入了古滇王手上的血道弥漫

之后，我用双手抚平了古滇王斗篷上黑色的皱褶

并以从未有过的力量，随我们的王来到了黑夜的深处

那是一只洞穴，啊，世上所有的魔法的出世都起源于深穴

再长出翅翼，随大气远行中浮生出冥想和幻境，那一夜

我和我们的王，躺在了那世上最深的黑穴

从而梦见了青铜魔法

10. 青铜器魔法之一：古滇国的女人们

女人，她们是水，这是古滇国女人的肉身之谜

水，就是万顷泽国，水就是男人身体中彷徨而喜悦的夜色

水就是彻夜不眠的一只只孔雀的尖叫。水，就是檀香木枕前的

欢娱。水就是春天盛大的桃园，水，就是银河。水就是魅惑之交

水就是曼妙。水，就是陪伴着火的母后大人。水就是美貌

水就是越来越深的涡流。水，就是前世和今世的轮回之说

水，就是睡前之书和掀开的蔓帐。在遥远的古滇国的女人

无论是奴还是王后，都是一滴水。水，荡开了巨大的谜团

女人们来了，滇王国的女子们，将长到腰下的长发挽成髻

那些散开如乌云和瀑布的长发，以锥髻而形成了古老的图卷

她们必然缔造了熔炼青铜器的第一魔法。啊，魔法出世

譬如爱的温度缓慢中已沁骨，那是一个书写史诗的光年

11. 青铜器的魔法之一：古滇国的男人们

男人是泥，这是一个古老的传说

泥，呈现在古滇池岸上，这些挟裹着牲禽粪便的泥土

在三千多年前是那样的纯净。如果男人是泥，施予男人身的

就是泥的元素，那是褐色之泥，它们稳定、神秘、坦然的色泽

覆盖住了古滇国城堡外绵延的盆地。那是红色之泥

它们热烈、灼热、奔放的色泽，拓展着古滇国之外的丘陵山地

那是深黑色的泥，来自潮水的起落处，那是水演奏的古泥

泊于古滇池无垠水涛底部。男人是泥，泥塑造了男人的肉身

花、谷物、植茎从泥土中长了出来。在古滇国

作为水的女人是蔚蓝的、晶莹的、羞涩的、柔软的、潮湿的

作为泥的男人是褐色的、红色的、黑色的、英勇的、粗犷的

除此之外，古滇国的男人们依然将长发像女人样结为一髻

这是从古老范本中出世的形象。噢，云舒又云卷，在前

世的我

看到了滇王国的男人们，我看到了王身边的侍卫像王一

样俊美

我看到了王的奴隶们，以无限虔诚的姿态为王而劳动着

12. 铸造青铜器的第一古都晋城

这里是晋城的滇王国古都，那些黑色的烟尘像编年史的魔心

每一条通向古都的路都扬着尘埃，转世归来的我

只有再回到前世，方触摸到我们身体中的古都王国

跨过干栏式的建筑学符号，从云空往下看

它是一座葫芦式的古都，一只葫芦式的城门口

有卫士，啊，绿色蔓枝的长藤，两千多年以前的长藤

可以编织人心，也可以编织古滇王自由独立的抱负

穿过古藤的长廊，就是我们的古都，越往里走天地就越开阔

那葫芦似的腹地啊，饱满像母乳，像丰盈的女子的内陆

越往里走你就会看见公元三世纪的圣水像玛瑙溢出的流液

以看不见的时速在幽转，直抵神秘莫测的街心花园

越往里走你就会看见公元三世纪的圣鸟以翡翠般的绿翼

环绕出迷宫似的径道，不知道哪一条秘径可抵达滇王的寝宫

越往里走你就会与公元三世纪的男子或女子相遇

他们每个人都将长发束成髻，系于脑后的高高的古髻

使每一个途经你身边的男子女子都像神仙一样遥不可触

尽管如此，透过那公元三世纪的时间之手

你可以成为那座古滇王国的奴，你可以以一个奴的古朴忠诚

匍匐于这座古都的泥土和山水。你亦可以成为这古滇王国的

贵族、雅士、舞伎、药司琴手、巫师、梦中人，你尽可以

在这座古都里以头顶星辰脚踏尘埃者的秘密身份

虚度华章，拟造公元三世纪的个人履历。而此刻，我睁
开双眼

我以再轮回的姿态溯源而上，就回到了古都的中心区域

那只葫芦的月轮托起我，就能够用手抚到城墙高度

那是月轮和光轮距离间的翘首。在公元三世纪前

我曾与我的王站在这城墙下，再往上走去

中间，我们会经过一道道壕洞，上面插满了尖锐的竹簇

这是为了防备战乱而筑起的城垣之穴，底部是王的谷库

再往上走，就会步上那葫芦口的东岸，啊，眼前是明

媚之光

浩瀚的古滇池随铺天盖地的波涛涌入眼帘

水包围我，水像云絮般飘过来，飘了过来

水涌过来，我看到城墙上的浪涛，我看到了王眼里的幻想

这幻想必使一场铸造青铜之器的魔法在公元三世纪前降临

13. 熔炼青铜器的第一个人是谁

那熔炼青铜器的第一个人是谁？这拷问

经历了三千多年的时间煎熬。它所指向的是一团幽暗之火

当转世的我不再是古滇国的奴和女人时，我已不可能

像前世

以一只野狐的身份，终日环绕着那座王城

在公元 2012 年的我，以熔炼诗韵而名世

那久违的旧事像一只蝙蝠侠，围绕着我在夜晚的逸闻而飞行

这世间还没有人知道在古滇国，那铸造青铜器的第一个人是谁

午夜时分，我跨上了那只漆黑的蝙蝠侠的脊背

唯其他精灵般的黑翼，能替我寻找回去的路线

云空到底有多深，世界就有多么邈远

我又回到了王的身边，回到了那个秋天之夜

湖水有多蓝，那一年的秋色就有多少玄妙

波澜又一次地将一阵巨大的水啸顶上了岸

我看见了王经过了那一阵阵的，一阵阵的水啸身边

我看见了王脸上的喜悦和沉思的勇气

我看见了王跨上一匹白色的战马，乘着一团暗红色的烛光而去

我看见了幻想的王，穿越了万鸟的翅翼，像是被诸神引路而上

我看见了王手中的尘或土，像是被火光映现，像是灵犀着了火

我看见了王在吟诵，面朝向那越来越明亮的东方

14. 公元三世纪的一个黎明前夕，熔炼之魔法已出膛

公元三世纪的一个黎明前夕，熔炼青铜器之魔法已出膛
像昔日之剑抽出了心魔。噢，那心魔，沿着陡峭的石崖攀升而上
你会在顶端，逢着一片苍雪。白雪圣殿之顶是什么
在那样的时刻，两颗眼泪会遇上什么样的一双眼眶
之后，是凝固或镶嵌。再之后，是冷却，是冰雪般的冷
这就是古滇国之青铜器出世的那个黎明，我作为你的奴和女人
呼吸着这热烈之冰凌般心魔之气息，一股挡不住的力量颠覆了我

公元前三世纪的黎明之后，突如其来的魔法像相见如初的拥抱

它们譬如史前的隐喻，以一滴水流过木槽的时速流过了日午黄昏

古色古香的线谱划破地平线，划破了天籁，划破了地上的霜雪

我们紧紧地相拥，便成就了那刺破时间之谜的魔法一场

之后，依旧是冷却，从热烈到镶嵌再到冷却需要多长时间

到底需要经历深穴之处的多少熔炼，一场魔法才可能穿越走壁

我用木棍排列出时间，我从冷却的纹路上数着时间

我在与你拥抱时，默诵着那些让我们松开手的时间

这就是冷却，公元三世纪古滇国熔炼青铜器的一场魔法之冷却

之后，我仰慕你的目光，开始了镂空，开始了诗人的穿越

15. 青铜器之穿越从公元前三世纪的黎明开始

青铜器之穿越从公元前三世纪的黎明开始

清冽的凉意穿过了古都晋城，穿过了比邻接踵而来的大地之脉

穿过了一层层一层层的堆集、古墓，穿过了滇王国的大印

穿过了公元1956年12月28日的寒流和石寨山的山丘

穿过了荒凉的乱石，穿过了叙事中的时间和失去踪迹的暗河

穿过滇王的手掌，那是贮贝器，收藏了公元前三世纪的神秘轨迹

穿过了太史公司马迁的《史记》，穿过了冰清玉洁的眼泪之眶

穿过了纸上的火焰，穿过了铜扣饰上的玛瑙之川浮雕之窗

穿过了斗牛、舞乐、夜宴和祭祀，穿过了伟大而变幻莫测的星宿

穿过了虎豹噬牛、二虎斗牛、三狼噬羊、虎噬野猪的远景

穿过了三水鸟、三牛头、立豹、虎头、螺蛳们的天下

穿过了滇池比邻的抚仙湖、星云湖的辽阔地理版图

穿过了巨大的磁石，穿过了隐于绵绵群山怀抱的锦绣

穿过了古滇池东岸的金砂山、小梁王山、大湾山、左卫山的丘陵

穿过了一匹匹刺绣卷起的波澜，穿过了人心的魔镜

穿过了肥沃数千里的谷物天堂，穿过了奴隶和奴隶主的粮仓

穿过了铜锄、铜铲、铜镰、铜削、铜镶、铜斧、铜凿的劳动器物

穿过了渔业史和纺织业的世俗生活，穿过了众鸟飞行的云壤

穿过了云卷云舒，穿过了古滇王公元三世纪的爱情图卷

穿过了生离死别，穿过了吟唱之唇倾听之耳鼓

穿过了纸上谈兵，穿过了对牛弹琴，穿过了永恒的邈远和孤独

16. 演变古滇王朝骑士风貌的贮贝器

贮贝器，是蓝色的。湖水之蓝是古滇国的王朝之色

它已随青铜器王朝的第一次熔炼而出，这是一条怎样的

魔道啊

它镶嵌于又一个漆黑之夜，嵌于柔软之舌倾诉的爱恨迷离

贮贝器，高 50 厘米，盖径 25 厘米，这里的尺寸学通向史前

之门

通向鎏金色的古骑士，他们的身体中纵横着原始的活力

古滇国骑士，穿着亚麻布衣的骑士，是牛的卫士

是整个古滇王朝中最英勇的骑士。作为古滇国的奴和女人

我曾站在佩戴着剑的骑士身边，我曾铭记了一场场生与死的

搏斗

一群群野兽从黑夜的旷野，呼啸而来，带着利齿带着食天下

肉食之美味的雄心，带着狷獗的号叫，来到了我们的王朝

捕食者和被捕食者之间将发生史前的格斗，骑士们来了

他们个个都是被滇王训练过的英勇的骑士，曾经有无数次

我坐在山冈，守望着这水天下，作为水的女人，是浩荡

是伟大的蔚蓝之内陆。作为泥的男人是黑色，是英勇的大鹏

今天，是公元 2012 的冬天，我知道，很多女人已无蔚蓝色调

就像很多男人丧失了英勇无畏的穿越或飞行

此时此刻，我像倦鸟回巢，重又回到了我生命中的前世

蜷曲于我，就可以像那只野狐一样终日陪伴着古滇王

我知道，不凡的滇王即使在睡梦中也在抚摸着青铜之剑

我知道，这湖之岸的平静只是短暂的休之眠

我知道，豺狼虎豹们会呼啸而来，山那边的敌人会呼啸而来

我知道，湖之蔚蓝之上是神圣的天穹变幻着人间的图卷

我知道，被我的诡异之眼睑收藏的这一幕将被铸造为青铜之色

贮贝器，隔着三千多年前的时光，展现了英勇的骑士

展现了被我敛集于眼底的图卷。每当这一刻徐徐飘来

我心依旧，时时刻刻，陪我们的王在周转不息

17. 当我陪同滇王在春夏秋冬休养生息之时

气温以四个季节的春夏秋冬让我们休养生息

休，是休心气，只有心气潜游于地气、水气、雾气、云气

我们的心智才可能，沿盛大的湖水畅流，像星罗棋布的湖泊

注满了人间的晶莹之珠。休，乃是注入泉水或秘密地穿越之境

那是春天，古滇国最美的季节，我陪同亲爱的滇王

骑马巡视沿湖的风光，湖光中有渔业的世俗生活

岸上有盆地，阳光择开了织机，正在细密地织物。啊春天

我的脸上充斥着柔软的阳光，山坡上的桃花初绽

我和亲爱的滇王，一路上喜迎着入怀的葱绿将目光浸润于大地

养，是生命中的盛夏，此刻，雨水如织如密

此刻，巨蟒飞禽走兽们已逼近我们的城门口

此刻，我们的骑士已佩戴剑英勇地捍卫着我们的领土

养，就是在眺望或守望中静息，就是将冥思挑亮于星宿之下

那年酷夏，我陪同滇王宿于星辰照亮的边疆

宿于四野茫茫的水泽，宿于象、孔雀、巨蟒们的分界线区域

那年酷夏，穗谷、瓜果们正在热气荡漾中择机成熟

生，就是浸润，是维系缠绵之蒂，是摇曳落英的景象

那一年秋天，我们的古王朝一派丰饶民情跃于天上人间

我陪同滇王从东岸到北岸再到西岸。生，是伫立是邈远

再返回内心。那一年秋天，我和滇王分享着一只橙色之橘

分享着充满甜或涩的人间滋味，分享着广袤山川间的迥异

这不是唯一的喜悦与哀愁之缱绻，也不是最后的挽歌

息，就是隐忍，就是逃逸和等待，就是成就一部风雅之书

冬之瑟，也是乐之舞时，我们绕着篝火歌舞着

那一年冬天，我们相依相偎，厮守着年华，厮守着长夜漫长

厮守着润色过的黎明。息，是挣脱也是铰链，也是渊薮之底

那一年冬天，我像水草栖于你身边，我像鱼一样游于你怀抱

那一年冬天，你像是我唯一的温暖，我栖于我们的王朝

而你则栖于天下。之后，我们手牵手又开始了轮回

18. 古滇国青铜扣器如是说

那些圆形的、方形的或不规则形的，那些镂空的

可以看见云深处的游絮，这是古滇国人眼里的虚境

那些浮雕、圆雕、镶嵌，是为了让辽阔的视物凝固于

掌心

从古至今，让虚幻之境宿于时间的是心灵之记忆

之外，也是凝固到镶嵌的艺术。所以，古滇国成

就了

人类的

理想主义精神。铜扣器，是什么？这一天，我在肥美

的水岸上

游走，我是前世的幽灵出入于时间。多少年来，

我一直替代

周转不息的时间，替代那些纸上的火焰，月下的银河

深渊中的秘密，去述说时间的庆典和煎熬

所以，我是幽灵。面对失去的时间，折断的音律

湮灭于水深火热中的人类故事

我是前世的奴和野狐，是古滇王朝的女人，而此刻

我将以幽灵者的身份去讲述青铜扣饰的出世和美学

这是公元三世纪的舞场，这里是滇池东岸的舞乐之夜

那一夜，我们的女人和男人们手拉手旋转于皎洁夜色下
的舞场

男人和女人的胸前、腰部上挂满了青铜扣饰

啊，盛大的舞池，我们的青铜扣饰永久地铭刻下来

以野猪、牛、马、羊、豹、虎、鹿、猿、水鸟、蛇为首的
图案

这响亮的饰品，随同我们的歌舞在奏乐

多年以后，无数世纪以后，每一只出土于石寨山的青铜
扣饰

都可以触摸到公元前三世纪的那一场场歌舞之夜的音律

男人女人的余温似乎还潜于那些饰品之上

还有古滇国的干栏式建筑嵌于饰品中，赢得了永恒

19. 无眠夜

无眠夜，我又一次将眼帘之下的黑暗仔细地触摸

人之手，从史前秘抚的篇章开始，曾将闪电贯穿于十指

贯穿于循环的灵脉，所以，我看见了闪电过后的霁雨虹练

人之手，以挖掘、拂开、屈与伸的柔软与坚硬去汇集天下英雄

无眠夜，我又秘访了亲爱的宗卷，它们像已逝的鬼魂，天幕外的

壮丽景观已形销魂散。就像亲密的敌人已将刃锋上的魔咒用尽

只留下一堆蚀化的毒，蜕变为今朝的蛇身。就像陪同我昼夜

穿越的恋人，因恋情而斩不断前世之壁，转世之渊。无眠夜

月亮仍然那样皎洁，够不到的五蕴像空气那般无影无踪

无眠夜，齿光仍那样白，替我去与柔软之舌缠绵

无眠夜，天上的星宿再一次镂空了我的年华，譬如梨花之

飘零

无眠夜，我走遍了古滇国城，已无法再与亲爱的王耳鬓
厮磨

岁月啊，岁月，我们的岁月在岸上，在落花的流水中再
也不回头

无眠夜，我宁愿被这个世界遗忘，退回到远方

退回到那低低的门槛上鱼鳞般细密的起伏再起伏再起伏

20. 人舞、羽舞及其他

整个春夏秋冬都是我们歌舞的轮回季节

人舞，是用人的衣袖拉起的彩练。只记得我们的衣袖很
绵长

每当衣袖挥舞成圈时，我们像云一样地飘了起来

云在哪里？我们就飘向哪里。人舞，大都由年轻女
人组成

那时候，所有的女奴们都放下了农具、纺织器物

女奴可以与王后一起跳舞。人舞，必须由年轻女子的手臂

将长袖舞起来，曼妙就是从这刻开始的。直到如今

当我仰头，仍能触到古滇国上空的一只只云袖像徜徉

天际的

雪白的绵羊。之后，是羽舞，这是我最迷恋的一场歌舞

也是以我为舞后的一场歌舞，那是牧神的午后时分

我头冠是一顶用彩色翼羽编织的，为了这冠顶的绚丽斑斓

不知道有多少捕猎高手在森林中追赶过飞禽走兽

那是用孔雀、云鹤、虎豹、飞鸟、斑鸠、野狐、鹦鹉

等羽毛

编织之冠。就这样，那年午后，我头顶冠顶开始用舞姿取

悦着

我们神圣的滇王，只见他坐在高高的檀香木顶座上

只见他头顶着星月，眼睛里散发出我从未见过的喜乐

我头顶着冠顶率领着羽舞的男女用舞姿取悦着山水

只见我们的城池，像旷世美人样隐于黑暗之中

只见我们的山峦以神秘莫测的曲线同样隐于时间之中

之后，是我们的笙歌舞、矛舞、干戚舞、弓箭舞、剽

牛舞等

在以祭古、农业、尚舞的歌舞之中，我们的神一直在舞池

引领着我们灵魂。在古滇国，我们以狩猎、图腾、祭祖、蛙饰

祈年、丰收、宴乐、娱龙神、娱水鬼九种歌舞为核心

我们舞，歌舞是从我们身体中升起的一种理想

21. 我曾是古滇国舞后，是永不疲倦的舞王

因为舞，是从身体中弥漫出来的一些雾露，它是表达或梦幻

我们因为舞，身体中的柔软和坚硬有了差异和距离

整个一生，我身体中的歌舞啊，从未间断

那是滇王熟睡的午夜，那是一个炎热夜，我们的滇王裸寐着

我又看到了他裸露的曲线，那凸出或凹下的地平线

那植入了根茎和古藤的东方之夜的黑暗。我又看到了一代滇王

他身体中倾向的时间的寂寥，多么虚幻的时刻，我的手指

不敢落下去，不敢触摸到这片水陆两地的伟大穿越

之后，我穿越到了我们的水岸线上，我开始研习歌舞

从我眼前升起的星夜，使我跌足，使我面对月神

裸露了我生命中最灿烂的年华。从我眼前升起的星夜

使我再一次跌足，之后，我穿上了曳地舞裳

戴上了鸟形的面具。整个一生，我都沉浸在这歌舞中

之后，我成了古滇国的舞后，我成了为滇王献舞

的舞后

我曾是永不疲倦的一代舞王。当我再回首，星月仍如当年

星月照我跌足，犹如那次庆典，我用身体满载着秋色和丰收

满载着人间的喜悦，我再一次面戴鸟具，顶羽冠，裸上身

跌腿足，一件曳地舞裳带我旋转，为永恒之轮而旋转

22. 古滇国的妇女生活之一：主持祭祀的女祭司

公元前三世纪，我是那个世纪的见证人，我的足迹跟随滇王

走遍了滇池流域的山川，作为妇女中的一员，我可以见证在滇国

从一开始就是妇女们在主持着祭祀。她们是女祭司，也是幽灵

掌控着我们的庆典、生离与死别。她们是一群身穿黑衣的女子

春夏秋冬都裹在黑色无领的布衣中，衣长至膝，袖仅至肘

她们的嘴唇同样涂着黑色的果浆，指甲蓄得很长，涂上了玫瑰色

那是我最喜欢的一种色彩，我曾秘密地暗访过古滇国最著名的

女祭司，她居滇池东岸。我看见她时，她正主持一场

祭祀

为一个逝者诵祭语，我看见滇池东岸的山坡上布满了成群的乌鸦

噢，公元三世纪的一个大寒之日，我看见一片片一片片的黑羽

迎向了滚滚而来的东风，之后，再面朝那滚滚而去的西风

我看见了古滇国最著名的女祭司，她的嘴唇像黑色的花瓣

她舞着，一阵阵来历不明的暗香从她发丝中散出

她的头发是我一生中见过的最长的长发，垂到足踝底部

垂到她幽暗的影子下，垂到一个亡灵人西去的路上

而她吟唱着魔咒，那是我一生中倾听过的最悲郁的哀歌

啊，哀歌，那是从骨头中透出的凉，如西风之寒瑟

尽管如此，我从她玫瑰色的指甲中却感受到死亦是生

生亦是死。我索取了那玫瑰魔咒的暗香，我得到了生的秘诀

而当庆典之时，我们的女祭司们，人人都像花冠之王

她们着古滇国时代最魔幻的羽裳，仿佛神鸟一样带领我们飞翔

这时候，她们吟风声，四季变幻调，嘴唇能衔起物事

的春秋

这时候，她们能变幻道像，让我们与众神们翩翩起舞

23.古滇国的妇女生活之二：运粮上仓的女子图像

粮食是这个星球上永恒不变的食物。在古滇国，五谷润养着

我们的庶民，滋养着风生水起中的一首首民谣。秋天，揭开了

春夏之幕，揭开了热浪、雨气之后的秋幕，这时候

那些像青蛙一样穿梭不已的女子们来了。神之所以在创世纪

构造了女人身，是为了寂寞的月轮，是为了给皎洁之月轮

祭献上可以佩戴那星月之心的妙品。这些伸出手来，

可以使用

纤纤十指穿针引线的女人们，其妙心是用水熔炼的

所以，水可以浸漫巨石，水可以漫过千万里山峦和陆地

水可以漫过页码、漫过光辉的历程。古滇国的女子们

来到了秋天的幕帷前，她们奏响了铜鼓乐，秋天开始了

秋天是为了收割，那是古青铜器的器物，有钥锄、钥铲、铜斧

铜锛等。农业，是祖先的口粮，也是今世的口粮

妇女们弯腰收割，啊，那是五谷的金色波浪

之后，妇女们又开始运粮，她们用头顶着铜钵，里面装满了

白花花的穗谷，她们像雁阵排列成队，头顶着铜钵

之后，妇女们又开始沿干栏房的木梯上了仓房

即使过去了若干个世纪以后，我仍能倾听到从铜钵中

倾身而出的白花花的大米的响声，还有妇女们头顶铜钵

正在上木梯的声音。啊，那年秋天，谷米上了仓房

谷米上了仓房，谷米上了仓房，古滇国的历史中有了这次

秋之卷

24. 古滇国的妇女生活之三：纺织魔法中的美学

是谁发明了古滇国人的纺织术？这个追问像是使我着了魔

是谁发明了纺轮？这是一幅穿越的图像，女人又出现在纺轮前

那一个个循环季节里，我又回到了那一群妇女们中间

那个将长发辫垂在胸前的是我的春天密友，她将长发成辫

是为了让男人追她时，好在奔跑中抓住她风中的辫子

那个扁髻的女人，是我的奴友，她整个一生都用来纺织

就像她使用一双手在永无终止的线缠着线的网络中探索着生

那个将螺髻高耸于额前的女人，是我的姐妹，她将纺织业

置于她丰盈的乳胸前，是为了感知身体中的织物之魔
女人们在纺织，一个女人在捻线，四个女人在织布
啊，那一匹又一匹的布，铺满了干栏房外的山坡
那象牙白的布匹是为了取悦纯净之晨的，那青黛色的布匹
是为了取悦灵魂之幻境的，那桃色的布匹是为了取悦
爱情的
那黑色的布匹是为了取悦诸神的神秘踪迹的

25. 公元三世纪我爱上了滇王的青铜剑

公元三世纪，我爱上了青铜剑。这是一个爱情故事的继续
不眠之夜，将手伸出去，就能触到那一团团枕边的寒气
剑身成一狭长三角区域，足够我的手触抚到惊心
在不眠之夜，我的头垂向那管茎圆形的中空
垂向寒气中的热烈，因为爱情
我的手能触抚到青铜剑上古滇王的温度

它像血红色喇叭花那样热烈。每次我经历不眠之夜

都是我探索世界的时刻，这时候我又恢复了野狐的特性

世界让我寂寞，也让我狂野不羁。我赤脚在冰凉的地

上行走

我披散着长发，像幽灵可以出入任何地方

滇王的青铜剑上镶嵌着兽面纹、三角形线纹、缠縢状

纹等

纹路是保藏时间的最好证据。不眠之夜，我的手像我的

爱情

有雷电缔造了谷雨，有缠绵的丝帛般滑过去冰爽的夏至

也有春宵。不眠之夜，我的触觉中有倾诉，有眼泪滑过

面颊

像乐音悄无声息地落在剑锋上，融化了烟花。我的故事

总是萦绕着与滇王相关的时间叙述下去。不眠之夜，我

的面颊

经常倚依着那把青铜剑上的寒光四射，那一夜，我看见了

战乱

我看见了我们的敌人，那一夜，滇王突然从睡梦中惊醒

用手挥舞着青铜剑，将剑指向了黑暗。那一夜过去后

我知道了一个真理，铸造青铜剑的人就是我们的滇王

只有滇王心上的那一团团挥之不去的凛冽，可以熔炼出
热烈

只有滇王心上的那一团团永不熄灭之火，可以冷却成冰凉
的铁器

26. 每当青铜剑器上的一股股杀气弥漫时

每当青铜剑器上的一股股杀气弥漫之时，就是战乱将濒临
之时

那时候，我们的滇王会秘密地消失。我在马蹄声远去中

站在古滇池岸上，倾听着涛声，也在倾听着著名的女祭
司吐露着

那风笛般悠远辽阔的魔法，这魔法像是世间唯一的

使我从忧心思念中升起的旗帜，让我获得了勇气和守望
者的信念

又像是在我的眼前升起了玫瑰色的地平线，它使我倚

依着

以心为城池的那些冉冉破晓开去的春光，啊，春光，我眼前的

春光在哪里？抚剑而去的王在哪里？我矜持的姿态

使我学会了等待，同时学会了诠释的技能。我从那个夜半的

雷电闪烁中，看见了剑光，也看见了剑光下倒下的骑士和异族

侵略和战争带来了剑气和杀戮，我看见了鲜血梅花

每当剑锋上的杀气弥漫时，将会突然之间改变流动的时间

云会越来越纷乱，乱之下是奔逃的禽鸟异兽

妇女们的绣花针会突然刺伤手，织布机轮会突然遇上飓风

飓风而下会吹乱满坡的线网。熔炉里的火要么突然死寂

要么像风暴般燃烧，从而加剧了铸造青铜器的愤咒之焰

青蓝色的烟雾后，青铜剑敛住了一阵来历不明的战乱

它那深蓝的剑面，一直是我倾心的古滇王的容姿

直到永逝之水来临，我仍在它的剑面上找回了英勇的

挽歌

啊，永逝未尽，战乱未尽，就像情愁未了

27. 绵绵古滇国的晨曦之蔚蓝是什么

晨曦在公元前三世纪是什么颜色的

这是我重访古滇国时追究的又一个问题

一夜有多长？它们不是白雪皑皑之上的寒冷

它们也不是梨花的白。一夜有多长

它的尺度如圈栏内畜群们的安眠

它们簇拥的体温像栅栏之外的光泽。一夜有多长

当我闭眼或睁眼，世界已亮

我又看见欢鸣的高山羚羊已在纵横

我又看见一天中的宿命，像流水从源头而来

穿过了守夜人的不眠。一夜有多长？白昼就有多长

天已亮，暗色的窗花已变成玫瑰

天与地，如此心心相印。浩瀚星空已随我愿

将古滇国的蔚蓝又一次看见，我不敢相信我的眼睛

已经看见的你，已在我眼眶中蔚蓝

今天有晴朗的天空，有你，有地平线橙色的曲线

有镜面般明净的你的眼眸，有穿不过的天长地久的

遥远之翘首。有银亮的翅膀，有晨来的鹤

有秘密的笺注，有喜悦，有云空上的拥抱

啊，绵绵古滇国的晨曦，它是从哪里来的？这个问题

像蔚蓝，值得我去仰慕和探索。此刻，穿越之书

再一次地被风拂开，我又看到了滇王的大印

它在蔚蓝的古滇国时代，意味着铸造了一个王朝

是谁在成为奴的时刻，同时也成了我

今天的我，是一个符号，在它张开时

像花萼，像原罪的黑，也像犁沟里的曲线

是谁？在成为野狐的时候，同时成为我

啊，一只青鸟为探春而飞过窗外芳草地

是谁，在成为古滇王的女人时

同时成为布谷鸟，成为月下寂寞和晨曦之外

的风铃

28. 我的王在哪里，我就在哪里

我的王在哪里？我就在哪里。这样的历史已出土

在石寨山，我重又看见了滇王之印，它像葵花

在我看来，所有历史王朝中的大印都像葵花

也可以这样说，历史借助了葵花的疏密

创造了一个王朝又一个王朝的尊严。在石寨山我又

看到了

留在滇王大印上的手纹，它是滇王大拇指上的几轮螺旋

我又触到了其中的纹理，它多么像我今朝吟诵的一

首诗歌

诗韵的光芒让我浮游于上空，去赴约于蔚蓝

我说过，我的王在哪里？我就去哪里

在古滇国，一切都取自泥土、水和石头，一切都取自

心灵

啊，心灵是什么？它到底有多大？这是令时间烦忧的

问题

所以，历史发明了火，只有火可以熔遍心灵之秘密

啊，今天，世界依然是一盏杯，有紫红色葡萄酒

它在你我舌尖上滚动，滚动如玫瑰色的地平线

时间依然是一颗心，它们乐于嬉戏，彼此随意穿飞

白昼依然是群蜂穿梭，众神引领我们劳作后

穿过了古老的犁沟。啊，今天，多么祥和静寂

我依然为自己、为一颗心、一盏灯、一个幻境

一场游戏去赴约。今天以后，心依然是迷宫

太阳依然是火焰，葵花依然是轮盘，它的转动如葵粒的

布局

它所布下的方阵、天罗地网，一阵黑，一阵白

黑暗依然是冥床，情幻依然是云朵，它的云图搅乱了

人心

它的变与不变、絮语绵长，助长着人心去迷失方向

29. 古滇国乐器的音律

音律是为了萦绕而进入人心的，人心在哪里

音律就会随风去寻找人心。正像绚烂或苍茫的相互守望

它们给予人心以速度，这里是奔向夜晚的速度

我看见了那个遥远古国的忧伤，它所需要的音律是箫带来的

箫，它是颤音，从人心呼吸中奔涌而出的

箫，三千多年前的箫，带着古滇国人的呼吸

带着忧郁之王的沉韵，呼啸在广袤的滇池岸

锣或鼓面上蹦跳着手指上的旋律，它在追赶朝暮

它在礼赞生死之谜。铃，是用来取悦幻觉的

它系于窗、门、帘，它系于骡马牛猪狗羊等牲畜之脖颈

它用风来造乐

编钟，带着古韵中最神秘的沉与浮周游于世间

周游于人心的刻度，周游于我们的胸怀，周游于那个嘘叹

葫芦之美，关于它与我们缔结的福禄之隐喻

美于它在我们头顶盘桓出的空中花园

美于它被我们用来制乐的时刻，美于音乐从它怀抱流出的黄昏

古滇国拥有了乐师，拥有了倾听音韵的王和民众

30. 当青铜器从石寨山出土的时刻

当青铜器从石寨山出土的时刻，世界依然故我

它的泥土之褐色之红色之黑色，仍沉溺于它的深处

当我们说泥土这个词汇时，这泥土下有亲爱的土豆瓜果正在入梦

当我们说泥土这个词汇时，这泥土下有我们亲人的骨骼已化为灰

当我们说泥土这个词汇时，这泥土下的根茎已将时间缠绕住

泥土，就在枕下不远处的甘甜弥漫的花园深处

每个人脚下都是泥土，我们手捧着的每一只饭碗都是泥土给予的

而当青铜器从石寨山的泥土出世时

世界依然故我，泥土之下现出了三千多年前的一幕幕

生离死别之祭典。下葬时，日月必是黯淡的、无色的、泣泪的

这是一个基本的规律。此刻，磁铁又开始在我眼前闪耀

这是一个光辉四射的年景，滇池东岸石寨山

突然响起了一阵阵像磁铁的声音，磁铁那强劲之力

比如大鹏翅翼从云空俯冲而下，那是火焰震荡的时刻

比如灵魂漫歌云游到了神性之门户，那是屏息的时刻

千千万万的云带绕山绕水过来了，那一束束磁铁也过来了

我们将眼里的云层拂开，眼是用来发现的

只有在发现中，眼的功能才能进一步地获得明亮的真谛

当你的眼底突然间被石寨山的磁铁所牵引

你将会随同磁铁之光芒深入泥土，当世界之土越来越稀少时

你会在石寨山寻找到三千多年前古滇国的土，啊，尘土有多深，人心就有多深。使用手，就可以触到尘土有多深的奥律

使用心之潜能，就能触到古滇国时代的青铜器

雨水从天空垂直下，啊，那一天，那个昼夜，不绝如
缕的歌
从一帧帧石寨山出土的青铜器中弥漫而出

31. 青铜器的一生有多长

青铜器的一生有多长？麦穗丰盈而出的锋芒就有多长

青铜器的一生有多长？燕雀筑巢的屋檐就有多长

青铜器的一生有多长？百花明丽的春天就有多长

青铜器的一生有多长？孤寂的人心和隐晦的天意就有
多长

青铜器的一生有多长？盗梦人的另一个梦就有多长

青铜器的一生有多长？一只夜光杯的沉醉就有多长

青铜器的一生有多长？诸神轮回的力度就有多长

青铜器的一生有多长？热泪盈眶的眼窝之水就有多长

青铜器的一生有多长？从漩涡中织出的瀑布就有多长

青铜器的一生有多长？蜉蝣们归墟的旅路就有多长

青铜器的一生有多长？锈蚀的爱情台词就有多长

青铜器的一生有多长？图书馆陈列的迷宫就有多长

青铜器的一生有多长？那月亮的圆心就有多长

青铜器的一生有多长？逐梦人流亡的西风之道就有多长

青铜器的一生有多长？东方升起的垂帘就有多长

青铜器的一生有多长？我仰慕的时光就有多长

32. 从司马迁《史记》中我所触摸到的忧伤

忧伤是具体的，像司马迁《史记》中关于古滇王的初始

它复述出了一根根线条的锃亮，即使在那个黑暗之初

历史依然是一根线条，随同古滇王的马蹄江河在流动

唯线条可以织网，唯捕手可以从渔网中追逐到鱼在飞翔

唯线条在我心中停顿，使过往之境犹如晨曦逼近眼帘

啊，《史记》中有司马迁的眼泪，有此时、此在，有日

夜的秉烛

有历史的星斗、有夜行的车辙、有绣花针下的牡丹

有秋菊像刀刃般卷曲之夜，那一夜，我爱上了我们的古
滇王

有悬疑，像露水股融资渠道的历史。忧伤，是那么具体
像一根针扎痛了指环。再后来，露水后，是暧昧之夜
是荣枯往来的《史记》，那一年，我所爱上的另一个王是
项羽

他在遥远的江那边，用 30 岁的年华创造了鸿门宴
迎来了要他命的敌人刘邦，又用浪漫主义送走了要他命
的敌人

俊美的项羽死于剑，死于自由和理想主义精神，死于
爱情

那一年以后，古滇王从《史记》中来到了滇池边
青铜夜，破晓的黎明和尘土熔炼于火，之后，火熔炼
于心

之后，心熔炼于寂寞。之后，是草木的逃逸
是《史记》中的生与死。忧伤，是那么具体
转眼间，我所爱上的王都已经死去又已经转世归来
在《史记》以后，每一幕都是司马迁所预测过的

它们像洪水猛兽，又像箭手射不穿的一幕幕乱云飞逝

33. 在一场古滇国的化装舞会中寻找古滇王

在一场古滇国的化装舞会中寻找古滇王
意味着你要迈开舞步。春之神降临人间后
噢，迈开一小步再一小步，这是纯古滇国的舞步
我们知道，脚迈开的每一小步舞曲都遵循着心形的跳动
我们只有一个地球，所以，每一小步都是地球人的活动
古滇国是这地球上一小片磁铁，它的舞步衍生于动植物
衍生于万灵在这块磁铁上的心神形态，衍生于欢乐和哀愁
在一场化装舞会中寻找古滇王，意味着你要像蛇一样诡异
意味着你要像野狐一样聪明，像老虎一样疯狂，像熊一样
笨重
像狼一样狡猾，像鹿一样奔跑，像豹一样勇猛，像孔雀样
开屏

像雉鸡一样飞或落，像鸳鸯一样游戏，像水鸟一样翻云覆水

在一场化装舞会中寻找古滇王，意味着你要寻找到舞伴

谁是你心仪的舞伴，谁就会让你赤足，插上羽翼

谁是你心慕的舞伴，谁就会为你耳佩大环，手环铜镯

谁是迎向你而来的舞伴，谁就会让你旋如舞池中央

在一场化装舞会中寻找古滇王，意味着你要寻找到妙律

在古铜色的版图之上，古滇王在化装舞会上已引领过你

在三千多年前的妙律中，一小步一小步地追赶过兽群

或者每三步之后再三步地追赶上了嬉戏的蛙鱼

或在每四步之后，突然旋舞，让舞池幻变为一场巨大的羽梦

在一场化装舞会上寻找古滇王，意味着你要成为梦中之梦

34. 鼓面上的太阳纹及其他

鼓，是乐器之一。它从有日月开始之后，被手触及

手感应到了它可以征服人类之耳。那是在若干世纪以前

鼓出现在人类的每一个部落中，它们随同古老的人们
狂欢或者悲泣。我在一个暗夜，随同古滇王夜巡时发现了
那一只只鼓面上的太阳纹，一个神秘的艺人正手捧颜料
往鼓面上涂色。今天，当创造已成为承载所有历史的词汇时
历史早已忘却了史前史中，那个前额呈青铜样黑的艺人
他涂上的色泽取自赭石中的粉末，取自鸡血及所有兽血
取自人手指上鲜红的血流。因为太阳是红的、心脏是红的
太阳纹也是红色的。除此外，还有翔鹭纹、牛纹
除此外，还有鹿纹、船纹等等。饰物是为了取悦眼眸
而在这里，鼓面上的纹理，是为了取悦神先之灵
神仙无处不在，在绕着山水行走时会与神先相遇
神仙无处不在，在那个古滇国的黑色艺人心灵中
有众神在鼓面上吟诵。鼓，是古滇国人隔空传语之乐器
随同梦游深入到浩渺的太阳纹中去
我又一次在古老的耳鼓中倾听到了咏叹
能够穿越鼓面之手是神先之手，是远方，是镜面
是梦中人的咏叹。是划破天际的春天之神韵
那被太阳纹、翔鹭纹、牛纹、鹿纹、船纹所覆盖的鼓面啊
是古滇国回荡起伏千万里的一次悲歌之旅足

35. 我将以什么样的名义去爱上你

那么，咏颂者的我又是谁？我将以什么样的名义

为你引领风骚，那彻夜的狂欢以后，镜子依旧尘而不染

我将以什么样的名义为你而牧歌，细数围栏中缱绻一体的

绵羊

我将以什么样的名义？为你而呼唤春天，何谓春天

它是万籁俱寂以后，一点点的白，一点点的红

一点点的绿，一点点的紫，一点点的蓝，一点点的橙

我将以什么样的名义？为你而活着？这是一件事

一件有关生死之事，它的谜或成为传说或悬疑于山水间

或在幻想意境中奔跑，直到我跑过了舌尖上的呼啸

直到我跑到了你面前，让我们守住了一场春望

我将以什么样的名义？为你而成为奴，成为世间的一束光

随同光阴为你而守住倏忽即逝的烟花，为你而守候雨雪风

为你而守候那融圆骨血的一夜风华。我将以什么样的名义

去爱上你？像爱上我前世的招魂者，他的脸给予了我一场

阴谋的

想象，给予我驯兽的勇气，给予我倾注眼窝的蓝天碧水
给予我抽刀断水的爱恨。我将以什么样的名义
为你去死而再生，生而再死？这场游戏在天宇间
到底能持续多长时间。每当这一刻，我的命，就在你手中
像纸样薄，那纸一样薄的是梨花是剑雪是窗前明月
我将以什么样的名义，去抵抗你？每当这一刻，心在跳动
知我者谓我心忧，不知我者谓我何求。啊，心在跳动

36. 公元 2013 年初始，燕子就要迎空飞来

燕子，燕子就要迎空飞来，哪一只燕子是你的
哪一只燕子让你爱慕，让你在帝国的春光中
看到了自己的生，像一只轻燕般自由地飞
公元 2013 年初始，一群古滇国的燕子已迎空而来
沁入心脾的喜悦啊，是否已让你感受到了爱慕
像那低空飞翔之云，也同样喜乐上了燕子的翅膀

只有当你爱慕上一只迎空飞翔中的轻燕时

你的内心才会拥有生命中的又一场春光满园

哪一只轻燕可以入怀，自由之情愫为什么可以被一只燕子

衔于空中。水上浪花，天宇人间朝暮

都随东风、西风荡开了人心的角落。爱上一只轻燕的你

是王中之王，轻燕已飞过古刹神宫

轻燕下是千万里莺歌，数千燕舞之上是诗人的境遇

忧思啊，喜悦啊，都是一场相逢一场告别

我的古滇国，已用完了三十四年的光阴礼葬了最后一只青铜器

我的王，已用尽了他无限的抱负和锦绣年华

忧思啊，喜悦啊，都是一场宴一片狼藉

轻燕下的一片绿红，圆融了古滇王三十四年的青铜之梦

圆融了石寨山、李家山、小松山、上马村、太极山、大团山

忧思啊，喜悦啊，都是一场拥抱一片烟云

忧思啊，喜悦啊，都是一片乱云飞渡过江河月轮

燕子们在自由地飞，哪一只轻燕已入诗人之梦

此刻，我们需要热烈也需要寒冷，青铜器的传说
已熔炼完了哀歌，那最后的魔法交给了伟大的时间

37. 永逝之夜为什么呈深蓝色

帝国的夜色，是我所仰慕中看到的深蓝色
几世草木春秋，像一部辞书，充满了修辞
水满了必溢，那留在井底的水是深渊，那漫过天际的
是永逝
五谷，饱满了必离，剥离之谷带着孤寂去到了该去的远方
镜面，因为有灵而明亮，它的明亮四射垂照了灵魂又出窍
爱情，因思而痛，其修行漫漫者也无法抵达一场空
身体，因循环而缠绵，它的一生是为了行为了终
幸福，其短暂是为了招魂，它的秘密已注入永逝之夜
熔炼，有水存入了黑匣，有骨存入了来世，有形存入
了辞典

帝国的深蓝色下，我依然是一个奴，一个女人，一只野狐

我依然为天与地伴舞，为我的王吟诵诗词，为我的爱而永逝

青铜器已存入广袤的大地，存入那永逝的深蓝色之夜